JN022586

いちばんやさしい

― CAMP ―

キャンプ入門

長谷部雅一 監修
(Be-Nature School)

新星出版社

キャンプに行こう！

　ピクニックのような感覚で自然を楽しむ日帰りキャンプから、気軽に泊まれるコテージ泊や自然をダイレクトに感じられるテント泊のキャンプ、ナイフだけを持って自然の中で寝泊まりをするワイルドなキャンプまで、キャンプのスタイルはさまざまです。

　僕はふだんキャンプなどアウトドアイベントの企画やコーディネートをしています。初心者向けのキャンプ教室を主催すると、これからキャンプをはじめたいと思っているたくさんの人が参加してくださいます。ただ、限られた時間ではキャンプの楽しみ方やノウハウはとても伝えきれません。

　この本では、もっとも簡単なキャンプのはじめ方から、自分の道具でテント泊ができるようになるまでのステップをわかりやすく丁寧に紹介しています。初心者が失敗しがちなポイントや知っておきたいコツも押さえました。

　「キャンプをしたいけど、何からはじめればいいのかわからない！」そんな方たちを、この本を通して全力でサポートさせていただきます。実践しやすいところからゆっくりはじめてみてください。野鳥の声をBGMにハンモックで昼寝、焚き火を楽しむ夜といった最高の時間が待っていますよ！

長谷部雅一
（Be-Nature School）

キャンプで得られるもの

その**2**

ふだんできない特別な
体験

自然の中で自分の手で衣食住をしつらえる、キャンプならではの体験が待っている！

STEP 1 キャンプのはじめ方

キャンプの道具

キャンプサイトの設営

STEP 4 キャンプで料理を楽しむ

STEP 5 自然遊び

STEP 6 知っておきたいキャンプの知識

キャンプの魅力はココ！

自然の中で過ごすキャンプには無限の魅力があります。
その中から先輩キャンパー選りすぐりの４つをご紹介します。

自然を
満喫できる

自然の中へ飛び込むキャンプは、春夏秋冬を直に感じることができます。満点の星空など、ふだんでは見られない絶景も堪能できます。

心も身体も
解放される

日常生活から離れて"非日常"を体験するキャンプ。周りの目を気にすることなく、自分らしく思うままに過ごすことができます。

時間の移ろいを
肌で感じられる

―――――

朝・昼・夜だけではなく、
夕方から夜、夜から朝と
いった時間の移りかわりや、
その瞬間のもっとも美しい
色の空と出合えます。

過ごし方は
自由！

―――――

食にこだわる、本を読む、
ついでに山登りをするなど、
キャンプの過ごし方は自
由！ 好きなことをじっくり
と楽しむことができます。

キャンプのはじめ方 YES NO チャート

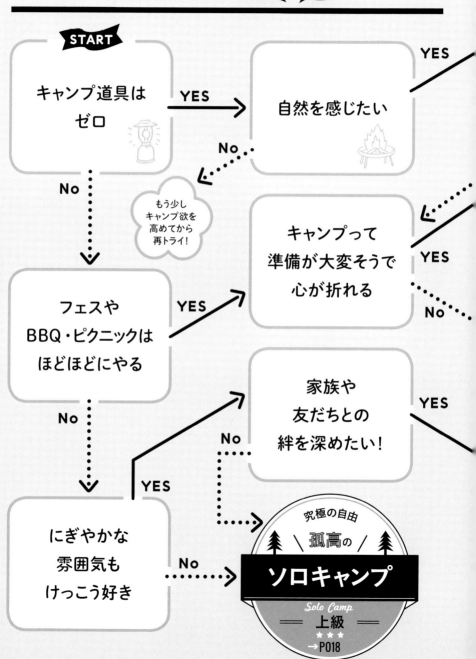

START

キャンプ道具は
ゼロ

YES →

自然を感じたい

YES

No ⤴

もう少し
キャンプ欲を
高めてから
再トライ！

No

フェスや
BBQ・ピクニックは
ほどほどにやる

YES →

キャンプって
準備が大変そうで
心が折れる

YES

No

No

にぎやかな
雰囲気も
けっこう好き

YES

家族や
友だちとの
絆を深めたい！

YES

No

No →

究極の自由
孤高の
ソロキャンプ
Solo Camp
上級
★★★
→P018

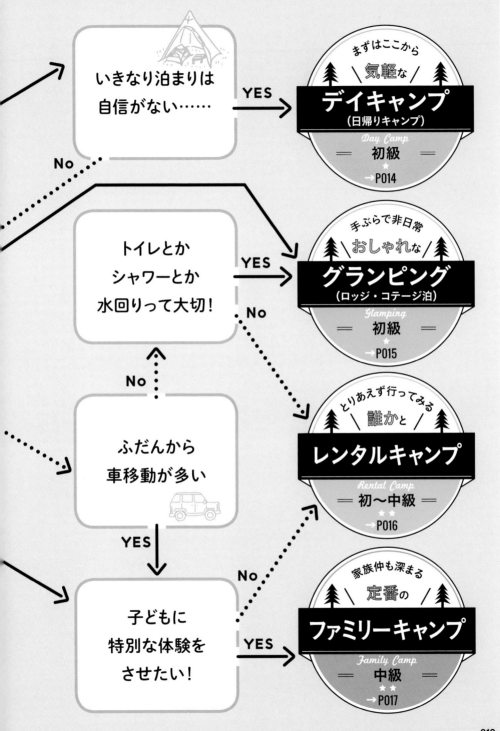

いきなり泊まりは
自信がない……

YES →

まずはここから
\ 気軽な /
デイキャンプ
（日帰りキャンプ）
Day Camp
＝ 初級 ＝
★
→P014

No

トイレとか
シャワーとか
水回りって大切！

YES →

手ぶらで非日常
\ おしゃれな /
グランピング
（ロッジ・コテージ泊）
Glamping
＝ 初級 ＝
★★
→P015

No

No

ふだんから
車移動が多い

とりあえず行ってみる
\ 誰かと /
レンタルキャンプ
Rental Camp
＝ 初～中級 ＝
★★
→P016

YES

No

子どもに
特別な体験を
させたい！

YES →

家族仲も深まる
\ 定番の /
ファミリーキャンプ
Family Camp
＝ 中級 ＝
★★
→P017

\ まずはここから /

日帰り

気軽なデイキャンプ

まずは自然の中に身を置いてみる

デイキャンプとは"自分たちだけの空間"があるピクニックみたいなものです。「ずっと外にいると疲れる」「外で何をしていいかわからない」なんていう人も、くつろげる居場所があれば安心です。好きな季節に自然の中に繰り出すだけで、気軽にキャンプ感が味わえます。

まずは屋根の役割をしてくれるタープやレジャーシートで空間を整えます。そこにちょっとしたテーブルがあれば、まるで家のリビングのような居心地に。さらにふだんより少し豪華なランチを食べて、自然の中を散歩するだけで最高の一日が過ごせること間違いなしです。

＼ 手ぶらで非日常 ／

おしゃれなグランピング

常設の広々テントや
ホテルさながらの
室内で快適に
寝泊まりできる！

楽しむ心さえあれば
完全に手ぶらでも
行けちゃう！

気軽＆豪華に自然を楽しむ！

「お泊まりキャンプがしてみたい！」そんな思いをすぐに実現させるなら、グランピングもひとつの選択肢。

グランピングとはもっとも手軽に豪華なキャンプを体験できるスタイルです。車への道具の積み込み、テントの設営や片付け、料理の準備など、面倒なことは

一切なし！ 快適な寝床付きでキャンプの醍醐味だけをフル体験できます。

同様の手軽さだとキャンプ場内のコテージやロッジに泊まるのもアリ。ほかにはちょっと豪華なBBQセットをオーダーするなど、手軽に楽しめる方法はたくさんあります。

「キャンプ場のコテージに泊まる」 → P24

＼とりあえず行ってみる／

誰かとレンタルキャンプ

レンタルで、自分に合った道具探しができる！

先輩キャンパーから道具選びやノウハウを学べる！

必要なのは一歩踏み出す勇気だけ

　キャンプをはじめるとき、必ずしもすべての道具を買いそろえる必要はありません。キャンプ道具は全部キャンプ場でレンタルして、とりあえずキャンプにチャレンジしてみるのもアリ。そのほうが、自分に適した道具が何かを見極めたうえで購入できるメリットもあります。

　また、もし身近に経験豊富な先輩キャンパーがいるのなら、一度キャンプに連れて行ってもらうのがオススメ。道具の扱い方や使い勝手をそばで見られるので参考になります。自分に合った道具の選び方やキャンプのノウハウを喜んで丁寧に教えてくれるはずです。

定番のファミリーキャンプ

中級 Level 2

家族仲も深まる

自然の中にいると、不思議と素直な気持ちになれる！

いつもの旅行とはひと味違うドキドキワクワクな体験が待っている！

自然と会話が弾む濃密な家族時間

あこがれのキャンプデビュー、せっかくなら家族全員で楽しみたいですよね。行きたい場所(キャンプ場)、持っていく道具、夕飯のメニュー、過ごし方をみんなで決めてファミリーキャンプに挑戦してみましょう。キャンプ道具がない人はレンタルを併用して、少しずつほしい道具をそろえていくのもひとつの手です。

はじめはうまくいかないこともあるかもしれないけど、失敗話もいい思い出になるはず。慣れて余裕が出てくると、キャンプ場だけでなく行きや帰りに観光地や温泉に寄ったりなど、楽しみ方の幅も広がります。

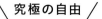

孤高のソロキャンプ

上級 Level 3

究極の自由

何にも誰にも邪魔されることなく自然とじっくり向き合える！

ソロ用のコンパクトな道具も多いので身軽にキャンプができる！

あらゆる煩わしさから解放される！

　ひとりの時間がほしいと思ったときは、ソロキャンプに挑戦してみては？　時間にも、人にも一切とらわれずに自然とじっくり向き合う時間は、何にも代えがたい至福の時間です。

　焚き火だけをじっくり楽しむもよし、飽きるまで星を眺めるもよし、ひとりだからこそ何をするのも自由！　バイクや歩き旅の宿泊手段としてキャンプを取り入れたっていいんです。

　大きな特徴はキャンプ道具です。ソロキャンプ用の小さくて軽いものが豊富。コンパクトな荷物でフットワークよくキャンプが楽しめます。

キャンプの はじめ方

CAMP DEBUT

知識・技術ゼロからはじめられる キャンプのススメ

ハードルが高いイメージがあるキャンプです
が、実はそんなことはありません！　な〜ん
にも知らなくても、あなたが楽しめるキャン
プスタイルが必ずあります。さぁ、一緒には
じめてみましょう。

キャンプデビューの選択肢

外って意外と落ち着くね

日帰りデイキャンプでプレキャンプデビュー

　「道具をすべてそろえてテントに泊まろう！」と高い目標を立ててしまうと、なかなか実行できずに月日だけが過ぎている……なんてことになりがちです。そんなときは、デイキャンプからはじめてみましょう！デイキャンプとは、宿泊しない日帰りキャンプのこと。自然の中でごはんを食べたり遊んだり、ピクニックの延長でキャンプの予行練習を。

　屋根のようなタープを張り、折りたたみのイスを置いてリラックス空間をつくったり、鍋用の卓上コンロを置いてお湯を沸かしてコーヒーを淹れてみたり、まずはできる範囲で。それだけでも、お弁当を食べるだけだったピクニックとはひと味違う時間が過ごせるはず！

➠ そのほかのキャンプデビュー

日帰りデイキャンプで自然の中で過ごす時間に慣れてきたら、より本格的なキャンプに挑戦したくなるはず。

いざキャンプデビューしようと思ったときに、キャンプ道具をすべてそろえようとすると膨大なコストがかかってしまいます。

これから長く使う道具をじっくり吟味したい。テント泊のキャンプを今後も続けていくのかお試しで経験したい。そんな人たちに最適なキャンプデビューの方法をいくつかご紹介します。

✓ 初心者向けレンタルセットを活用する

キャンプ場によっては、「スタートパック」として、キャンプ道具一式と使い方の説明シートをセットでレンタルしてくれるところがある。これを活用すると、キャンプ道具を持っていなくても、ガスなどの消耗品さえ購入すればキャンプをはじめられる。

メリット
・キャンプ場を変える度に色々な道具を試せる
・すべて自分でやるので経験を積める

デメリット
・わからないことは自分で調べる必要がある
・道具が古くて汚い場合がある

✓ キャンプイベントに参加する

キャンプ場やアウトドア団体が主催する「はじめてのキャンプ教室」などに参加してみるのもひとつの手。レンタル道具付きでキャンプのイロハをじっくり教えてもらえる。

メリット
・イベントを変える毎に色々な道具を試せる
・はじめてキャンパーのつながりができる

デメリット
・自由になれる時間が少ない
・イベント参加料がかかる

✓ お呼ばれキャンプに行く

友人や知人の先輩キャンパーとキャンプに行くと、持っていない道具を貸してくれたり、テクニックを丁寧に教えてもらえたりする。多くの先輩キャンパーに連れて行ってもらえば、道具の善し悪しやさまざまなキャンプスタイルを体感できる。

メリット
・経験者の道具選びやテクニックを知れる
・「今さら聞けない」を気兼ねなく聞ける

デメリット
・先輩キャンパーが周りにいないとできない
・おんぶにだっこになりがちで、気をつかう

デイキャンプに行く

自然の中に"自分たちだけの空間"をつくる

デイキャンプに行ったら、まずはタープを張り（●P46、66）、"自分たちだけの空間"づくりからはじめてみましょう。タープは住居でいう屋根。雨や日差しを防ぐだけでなく、周りの視線を遮ってくれます。タープの下にシートを敷けば、くつろげる空間となります。

自然の中に落ち着ける居場所があると、何もせずただそこにいるだけでも充実感を感じられるものです。

デイキャンプに適した場所

公園	河川敷	キャンプ場
公園ごとにタープの設置や火気使用などについて制限があるが、最近は簡易テントを使ったデイキャンプを楽しめる場所も多い。	キャンプが禁止されていなければ、キャンプ場同様にデイキャンプを楽しめる。ただし、火気の使用などについてはルールの確認が必要。	デイキャンプ料金を設定しているキャンプ場もあるので、お泊まりキャンプさながらの装備で本格的なデイキャンプを楽しめる。

拠点の設営は秘密基地づくりのようなワクワク感がある！

利用場所のルールを守ってデイキャンプを楽しもう

➡ デイキャンプを快適にする道具

デイキャンプにマストアイテムはありませんが、あったほうがより快適で楽しい時間になるものもたくさんあります。

ピクニックからデイキャンプに格上げするためのオススメアイテムを紹介しますので、参考にしてみてください。はじめは無理をせず、家にあるものも活用しながら少しずつそろえてみましょう！

❶ クーラーバッグ
冷たい飲みものや調理食材、割れものを運ぶ。小さくたためて軽い。

❷ ウレタンマット
座布団やごろ寝用に便利。地面のデコボコや冷気を遮断できる。

❸ ケトル
その場でお湯を沸かすのに使用。レトルト食品の温めもできる。

❹ 保温ボトル
火気が使用禁止の場所でもお湯が使える。暑い日は冷たいものも。

❺ テーブル
小さくてもあると快適なリビングに。折りたたみ型がオススメ。

❻ レジャーシート
地面の冷気や湿気を遮断するためのシート。防水タイプがよい。

❼ 卓上カセットコンロ
火気があるとグッとキャンプ感が高まる。ガスも忘れずに！

❽ タープ＆ポール
日差しや雨を遮る屋根とその柱。プライベート感が高まるアイテム。

❾ ペグ＆ハンマー
ペグはタープ設営時に必要な杭。どちらも強度があるものを。

❿ まな板・包丁
切り分けるだけでも、外で料理をしている特別感が出る。

Point

キャリーカートが便利

荷物が多かったり重かったりしたときには、折りたたみ式の大口径タイヤ付キャリーカートが大活躍！5000円くらいから売られている。

旅行気分でキャンプができちゃう

キャンプ場の
コテージに泊まる

手ぶらでも
快適だね

ラグジュアリーな施設も豊富

　「自然を満喫して過ごしたいけれど、テント泊はまだ心配」という人に向いているのが、キャンプ場内にあるコテージに泊まる方法です。ホテルや旅館泊のような感覚でキャンプを楽しめます。

　最近は、施設のレベルも幅広いので、コストと自分たちの望む雰囲気・サービスなどに合わせて選んでみてください。

Point

ホテルタイプのグランピング

ホテルのように豪華な施設と贅沢なサービスを受けつつ、自然の中でアウトドア体験できるのが「グランピング＝グラマラス（魅力的な）＋キャンプ」。キャンプの「ここが嫌」「面倒くさい」をすべてなくし、自然の中でひたすら優雅に過ごせるキャンプスタイルだ。

⇢ コテージの設備と必要なもの

キャンプ場内のコテージは、価格やキャンプ場のコンセプトによって設備・サービスが大きく変わります。たとえば、調理道具や食器、BBQセットなどはレンタルできるけれど、薪や炭などの消耗品は別途購入といった場合もあるので、事前に問い合わせて確認し、各自で準備するべきものを決めておきましょう。

✓ 寝具類は備えつけ

コテージ泊キャンプの利点は、建物と寝具類が整えられていること。テントや寝袋など大物の荷物を減らすことができる。さらに現地の気温を考慮して寝具を準備してくれているので、寒さ対策も万全。

寝具類は、厚手のマットと布団からコット（キャンプベッド）と寝袋、ホテルのようなベッドまでさまざま。

✓ 個人で使うアメニティグッズは用意する

着替え、タオル、洗面用具など、個人で使用するものはすべて準備していこう。グランピングの場合、はじめから寝間着やスリッパ、タオル、洗面セットなどが準備されていることもある。

✓ そのほかの持ちものは楽しみ方に応じて

キャンプを楽しむための＋αのグッズは、キャンプ場でレンタルできることも多いが、基本は自分で準備して行こう。野鳥観察用の双眼鏡と図鑑、読めていない本、とっておきのコーヒーセットやお気に入りの器など、キャンプの時間を豊かにしてくれるこだわりアイテムを持参するのがオススメだ。

道具は買う前に借りてみる！

キャンプ場で道具を
レンタルする

実際に使ってみないとわからない

　レンタルキャンプなら、着替えなど最小限の荷物でキャンプができます。公共交通機関で現地まで行けたり、キャンプ前後の準備や片付けの手間が省けたりするため、気軽に挑戦できます。

　アウトドアショップではさまざまな道具を見て触ることができますが、レンタルキャンプの場合「実際に使うことができる」という最大のメリットがあります。テントなら設営のしやすさや立てたあとの室内の広さ。ランタンであれば自然の中での明るさ。寝袋なら暖かさや寝やすさなど、カタログの数値だけではわからないことばかりです。自分たちにはどんな道具が向いているのか、キャンプ道具をそろえる前に色々体験してみましょう。

➠ レンタルキャンプでチェックすべきこと

✓ テントの大きさや立てやすさ

キャンプ場でレンタルできるテントは3〜4人用のベーシックなタイプが多い。使う人数で横になって寝てみたときに、どのくらい密着度があるかを確認しておこう。距離が近すぎて眠れないことも。同様に高さもチェック。しゃがまずに出入りできるかどうかも割と重要だ。

・広さだけでなく高さもポイント

✓ 野外でのチェアの座り心地

チェアはショップでも購入前に座って確認することができるが、フィールドで試してみると視界の違いがよくわかる。沈み込みの深さや背もたれの角度などで自然と空を見上げる角度になると気分も高まる。その分立ち上がりにくく、調理担当の人には向いていないことも。

・座ったときに見える景色が重要

✓ 調理器具は扱いやすいか

ダッチオーブンやガスバーナーなど、普段家では使ったことのない調理器具を購入前に試せる絶好のチャンス。鉄製の鍋は丈夫で蓄熱するが重いので、その使い勝手は必ず確認を。よく使う人数で調理してみてサイズは足りるのか、量は満足できたかも重要なポイントだ。

・使い勝手とサイズ感を確認

✓ ランタンの明るさは足りるか

停電時の備えとしても重宝するランタン。キャンプ場のように夜真っ暗になる場所で、調理や食事ができる適切な光量があるかが重要なところ。また、作業台、テーブル上、テント内と、利便性を追求すると複数ほしくなるアイテムなので、実際の夜を体験してみるのが一番。

・光量と何台必要かを体験する

✓ 寝袋で熟睡できるか

キャンプにハマれるかは、テントの中でしっかり眠れるかどうかにかかっている。夜中に目が覚めてしまうのは寒さを感じてしまうから。どこまで寒さ対策すれば熟睡できるか、道具だけでなく自分のことをよく知る必要がある。また、マットが薄いと翌朝体が痛いことも。

・道具とともに自分のことを知る

✓ それぞれの道具が車にのるか

レンタルして使用して終わりではなく、収納サイズもしっかり確認しておこう。実際に車にのせてみて、ラゲッジスペースにちょうどよく入るかどうか、実際に確認できるまたとないチャンス。自宅での収納スペースのことも想定して、収納時のサイズ感を確認しておこう。

・車の荷室や自宅の収納に合うかどうか

キャンプの
スケジュールを立てる

DAY 1	8:00~	11:00~	12:00~

初心者にありがち

詰め込みプラン

出発	設営	昼食
自宅を出発してから現地のスーパーや道の駅などで買い出しする。	こだわりの大型キャンプ道具や小物をすべて持ち込み、設営する。	せっかくだからと昼食から手間を惜しまずこだわりのアウトドア料理。

少し延長してみる

のんびりプラン

出発	設営	昼食 / アクティビティ
食材の買い出しは前の日までにすませ、まっすぐキャンプ場へ向かう。	必要な備品のみを持ち込む。事前に手順を予習しておき手早く設営する。	昼食は簡単にすませ、捻出した時間をすべて遊びやアクティビティに充てる。

余裕をもった計画がキャンプ成功のキモ

　1泊2日のキャンプは、はっきりいって忙しい！　やりたいことすべてを盛り込んだプランを立ててしまうと、分単位で動かないといけなくなってしまいます。

　せっかくキャンプに来たのだから、ゆったり楽しむ時間を増やすためにも、チェックアウト時間の延長や当日の手間を省く方法を考えておきましょう。

18:00~

夕食 / 焚き火

夕食もアウトドア料理を
楽しむと大忙し。せめて
焚き火を楽しみたい。

夕食 / 焚き火

夕食はこだわりのアウト
ドア料理をつくり楽しむ。
そして焚き火遊びへ。

就寝

DAY 2 ≫ 8:00~

朝食 / 撤収

朝食後は急いで撤収作業。
持ち込んだ備品すべてを
車に積み込み出発。

朝食 / のんびり

朝食後は、片付け前に延
長時間分のんびりタイム
を楽しむ。

チェックアウト時間

数時間単位の延長料金
やデイキャンプ分の追
加料金の支払いで、
チェックアウト時間を
変更することもできる。
もう少しゆっくりした
いというときは活用す
るのもオススメ。

撤収

のんびりタイムでテント
類を乾かしたので、手早
く完璧に撤収できる。

Point

事前準備で"のんびり時間"を増やそう

テントやタープの設営方法を予習してお
く、食材は前日に購入してカットする・
タレに漬けておくなど、キャンプ場に着

く前にできることはすませておこう。忘
れものチェックも事前にしておけば、当
日の積み込みでバタバタしないですむ。

○○ついでにキャンプする

やりたいことから
キャンプ場を選ぶ

キャンプは目的ではなく手段

せっかく1泊2日以上のキャンプのために計画を立て、準備をし、休みまでとるのだから、キャンプすることだけを目的にしたらもったいない！

たとえば、ちょっと遠い場所にある温泉とキャンプをセットにする、きれいな夕焼けと朝焼けを見たいから絶景スポットのキャンプ場に行く、湖でカヌーを体験するためにキャンプをする、山登りのためのベースキャンプにするなど、何かしら目的を持ったキャンプにしてみてはいかがでしょうか？

やることが多くて面倒なキャンプをするだけでは疲れてしまいます。宿泊手段として、自然が多いキャンプを選んでみよう！ くらいがちょうどいいのです。

キャンプ場選びのヒント

口コミを信じる

最近は、ネットの口コミや体験ブログなどがとても便利。すべてが正しいとは限らないが、情報を収集して自分に合った場所を選ぼう。

アクセスで決める

「高速は混むから避ける」「家から車で2時間以内」「公共の交通機関で行ける場所」など、アクセス方法で決めるのもひとつの手。

料金で決める

昨今のキャンプ場利用にかかるコストはピンキリ。自分たちの予算と、キャンプ場の価格・サービスのバランスを見て判断しよう。

✓ 登山やハイキングをしたい

山登り、ハイキング、トレッキングなど、自然歩きを活動のメインにする場合は、登山口やコースの起点周辺でキャンプ場を探してみよう。

・登山地図をベースに探してみる

✓ 水辺で遊びたい

SUP[1]やカヌー、カヤック、シュノーケリングなど、水辺のアクティビティをメインにするなら、目の前やキャンプ場内に湖、川、海がある場所を選ぼう。ただし、NGの場合もあるので事前確認を。

・水辺の使用ルールをチェックする

※1スタンドアップパドルボードの略称

✓ 快適に過ごしたい

炊事場でお湯が使える、1組あたりの区画スペースが広い、夏は涼しいエリアなど、現地での快適度に重きを置いて選ぶ方法もある。情報をたくさん集めて好みの場所を探そう。

・譲れない快適ポイントを決める

✓ 素敵な写真を撮りたい

SNSのあの写真みたいな映える写真が撮りたい！　という場合は、星を撮るなら開けた場所、深い緑を撮るなら豊かな森など、撮りたい写真に合わせた自然環境を検索して決めよう。

・何を撮りたいかで自然環境を選ぶ

✓ 料理にこだわりたい

アウトドア料理にこだわるなら、食材まで徹底するのもひとつの手。新鮮な肉や魚、野菜が手に入る、その土地ならではの調味料があるなどの視点でキャンプ場を探してみよう。

・時季や土地による食材を楽しむ

✓ 焚き火を楽しみたい

直火か？　焚き火台か？　薪は森から拾いたいか？　針葉樹、広葉樹両方の薪を使いたいか？　など、好きな焚き火スタイルを実現できるキャンプ場を選ぼう。夜が長い秋や冬がオススメ！

・各キャンプ場の焚き火ルールを厳守！

✓ 静かに過ごしたい

にぎやかなキャンプよりも、自然をじっくりと感じながら静かなキャンプを楽しみたい場合は、なるべく人が少ないキャンプ場や、「クワイエットタイム[2]」が設定されている場所を選ぼう。

・地方の市町村営キャンプ場が狙い目！？

✓ 子どもを楽しませたい

大自然、アスレチック、昆虫採集、料理など、子どもが何をしたいのか、どんなことを楽しんでほしいのかを作戦会議しながら、一緒にキャンプ場を選んでみよう。

・まずは子どもの希望を聞くことから

※2キャンプ場で定めている消灯時間のこと。[夜●時〜朝●時まではお静かに!]など、受付やサイトに掲示してある。

頼りすぎはよくないけど、困ったときの救世主！

キャンプ場の設備を確認する

事前に利用時間を確認しておく

受付、お風呂やシャワー、売店など、キャンプ場内の設備が利用できる時間帯は決まっています。

渋滞を我慢してやっとキャンプ場に着いたのにチェックインできない、後で入ろうと思ったお風呂が閉まっていた、なんてことにならないよう、事前に確認してからキャンプ場へ向かいましょう。

受付で購入できるもの

「忘れた！」「この道具使ってみたかった！」ものが手に入る。

消耗品など

ガスなどの燃料や調味料、電池などの消耗品が売っている。最新のキャンプ道具や小物、遊び道具などが売っているキャンプ場もある。

薪や炭など

よく燃える針葉樹、長持ちする広葉樹と薪の種類も豊富。BBQ用の炭や着火剤もある。変わった焚き火道具が売っていることも。

食料品

多種多様なフリーズドライ食品やカップラーメン、地元産の肉や魚、野菜まで売っているところもある。保冷用の氷もあるので夏場も安心。

▶ キャンプ場の主な設備

☑ 炊事場

調理準備や洗いものができる場所。共用冷蔵庫完備や、お湯が出るところもある。共用の場なので占有しないように注意しよう。

☑ トイレ

最近のキャンプ場はトイレがきれいな場所が多い。水洗、ウォームタイプ、ウォシュレットタイプなどの設備がある場所も。

☑ 風呂

共用や予約制になるが、身体を温められるのはありがたい。場所によってはシャワーのみの場合もあるので事前に確認を。

☑ 炉

直火で焚き火ができない場所では、焚き火台がなくても大丈夫なように炉の設置や、BBQ台完備の場所もある。

☑ ゴミ捨て場

キャンプ場がゴミを引き取ってくれるところが増えた。指定袋、分別、特にガス燃料の処理などはきちんと守って使用しよう。

☑ 電源

スマートフォンやタブレット、ライトなどの使用には電気があると便利。別料金の場合もあるが、共用や電源付き区画もある。

☑ 遊具施設

アスレチックや管理釣り場、ツリーハウスなど、遊びの施設が充実したキャンプ場もある。好みに合わせて選ぼう。

☑ 電波

場所や通信キャリアによっては電波が入りにくいキャンプ場もある。管理棟付近ではWi-Fiが利用できることも。

☑ コインランドリー

入浴施設付近にコインランドリーがあるキャンプ場もある。川遊びで濡れた衣類の乾燥もできる。連泊するときにも重宝する。

キャンプは車がなくてもできる

最近は車のない生活スタイルも増えているので、車を持っていない方も多いだろう。もしも自家用車がなくてもキャンプはできるので大丈夫です。

オートキャンプ（車を利用するキャンプ）を楽しむなら、カーシェアやレンタカーの利用が一番楽。コンパクトな道具をそろえれば、小型車ですむのでコストも下がります。

純粋にドライブを楽しみつつ、キャンプ場でレンタルしたテントやコテージに泊まってキャンプをする方法もあります。

公共の交通機関を使ってキャンプをすることだってもちろん可能で

す。電車やバスでキャンプ場の目の前まで行ける場所もあります。車の一番ネックな"渋滞"という地獄がないですし、車窓を眺めながらお弁当を食べるといった旅感も楽しめます。

事前確認は必要ですが、キャンプ道具すべてを事前に発送する方法もあるので、より身軽に楽しめるでしょう。

大きなバックパックにコンパクトで軽いキャンプ道具をすべて詰め込んで、歩いて旅をしながらキャンプをするバックパッキングスタイルなんてのもあります。

無理がなく、自分たちに合ったキャンプスタイルを探しましょう。

衣食住すべてを
バックパックに
詰め込んで
自然の中に
行くのも楽しい！

キャンプの道具

CAMP ITEM

キャンプライフを充実させる道具(=相棒)を見つけよう

何をどのようにそろえればいいの? キャンプ＝高価な道具というイメージがありますが、はじめにそろえるものはそんなに多くありません。ここでは主要なアイテムと、あったら便利なものを紹介します。

忘れものチェックリストにも！

キャンプスタイル別 そろえたい道具

デイキャンプ

デイキャンプ用のアイテムをそろえていくと、キャンプデビューもしやすくなる。

- ✓ クーラバッグ（ソフト）
- ✓ マット
- ✓ ケトル
- ✓ 保温ボトル
- ✓ テーブル
- ✓ レジャーシート
- ✓ カセットコンロ
- ✓ タープ＆ポール
- ✓ ペグ＆ペグハンマー
- ✓ まな板・包丁

- ✓ パーソナルアイテム
- ✓ お泊まりセット
- ✓ ウェア類（ P56）

キャンプ場のコテージに泊まったりレンタルサービスを使ったり、お呼ばれで友人のキャンプに参加する場合は、必要最低限の自分が困らない道具だけでOK。

グランピング

レンタルキャンプ

Point

パーソナルアイテムとは

誰かに借りたりシェアしにくいものをパーソナルアイテムと呼ぶ。防寒着などのウェアはもちろん、ヘッドライトや寝袋が挙げられる。マグカップやカトラリーなど安価で手に入る自分専用アイテムがあるとレンタルキャンプもより楽しめる。

↣ 最低限必要なものを確認する

12ページのチャートで紹介したキャンプスタイル別に、必要な道具をまとめてみました。いきなりファミリーキャンプからはじめる場合は全部必要になってしまいますが、デイキャンプやレンタルからはじめて、徐々に自分専用のアイテムを増やしていくのもいいですね。

また、キャンプでは忘れものがつきもの！ 出かける前の忘れものチェックリストとしてもこのページを活用できます。

 住

- ✓ テント
- ✓ シュラフ（人数分）
- ✓ マット（人数分）
- ✓ ランタン
- ✓ チェア（人数分）
- ✓ 調理用テーブル

 食

- ✓ クーラーボックス（ハード）
- ✓ 保冷剤
- ✓ フライパン・鍋
- ✓ 食器
- ✓ カトラリー
- ✓ 調理器具
- ✓ ゴミ袋

 火

- ✓ 焚き火台（BBQグリル）
- ✓ 炭・薪
- ✓ 火ばさみ
- ✓ グローブ
- ✓ ライター
- ✓ 火消しツボ

「あると便利なサブアイテム」→ P58

ファミリーキャンプ

何度かキャンプを重ねてほしいアイテムに目星がついたら、自分たちだけの道具をどんどん増やしていこう。

CAMP ITEM

家のものでも十分！

キャンプの持ちもの

家にあるものでキャンプができる

キャンプだからといって、すべて新しいキャンプ用品でそろえる必要はありません。機能性や持ち運びやすさを度外視すれば、ほとんどのことは家にあるものでまかなえます。

ふだんから使っているもののほうが、愛着があり使いやすいので、はじめてのキャンプではむしろ安心ということも。

Point

キャンプの流れをイメージして準備する

夜用の服を次の日も着るから着替えは1着、キャンプ場に着いたらはくリラックスサンダルを1足など、キャンプの流れや過ごし方をイメージして準備すれば、忘れものが減る。キャンプだからと気構えず、旅行と同じように考えよう！

「キャンプの服装」　P56

➼ 自宅にあるキャンプにも使える道具

✓ 料理のときに使うもの

調味料をはじめ鍋類、ボウル、ザル、包丁、まな板、カトラリー、カップ、お玉など、キャンプで使うキッチンアイテムは家にあるものでOK！キャンプ用は丈夫、コンパクトになる、軽いなどの工夫がされている。

・丈夫で割れにくいものを選ぶ
・乾物やフリーズドライなども活用できる

運ぶ際は壊れないように新聞紙やタオルで包む。ホーローの食器は割れにくいので適している。

✓ 洗面・入浴、就寝のときに使うもの

シャンプーや石鹸、お化粧品にタオルなどはふだん家で使っているもので旅行と同じように用意する。車の荷室に余裕があれば、寝具も布団にブランケットで問題ないが、軽さと機能性を重視するならキャンプ用品が優秀。

・寝具・洗面用品は旅行のイメージで
・お風呂グッズは男女別に用意しておく

液体類は事前に小分けにしておくと荷物がコンパクトに。さらに密閉袋に入れて液漏れ対策を万全に！

Point

キャンプ道具を家でも使う

ダッチオーブンやリビングテーブル、チェアなど、キャンプ用品は機能的なだけでなく魅力的なデザインのものも多い。せっかくだから、暮らしに取り入れるのもひとつの手。日常の生活とキャンプの距離がグッと近くなるはず。

CAMP ITEM

ハードに使えて持ち運びも便利

アウトドア用の
キッチンアイテムの利点

焚き火でも
使える
ダッチオーブン

スキレットのまま
サーブすれば
料理も冷めにくい

Dutch oven

skillet

風に強い
設計の
ガスバーナー

より安全&便利な設計

　前ページで紹介したように、キッチンアイテムは家庭用でもほぼキャンプでの利用が可能です。包丁やピーラーなどは僕も家のものを愛用しています。

　ただ、自然の中や特殊な環境下ではキャンプ用につくられたもののほうがすぐれている点もたくさんあります。

　たとえば家庭用のカセットコンロは風に弱く、外で使用するとなかなか料理に火が通らないことがあります。アウトドア用のガスバーナーなら屋外使用前提の設計なので、風があっても安定した火で料理することができます。また、家庭用のフライパンや鍋はかさばりますが、キャンプ用の調理器具は重ねて収納できるので、運搬時も便利です。

▶ アウトドア用グッズのメリット

✓ 収納しやすく、ハードに使える調理器具

折りたためるお玉や、マトリョーシカのように中にいくつも収納できる鍋など、無駄がないコンパクトなデザインになっている。移動時や家での収納が省スペースですむ。

焚き火付近での使用や長時間使用もOK！ 落としても壊れたり割れたりせず、外での使用に耐えられる丈夫なつくりになっている。安心して気軽にどんどん使うことが可能。

✓ 低気温にも風にも強いガスバーナー

外で過ごすキャンプでは無風のときが滅多にない。ガスバーナーは多少の風を受けても火力が安定するように、風防が備えられているなど、風に強いデザインになっている。

アウトドア用のガスバーナーのガス缶は火力を安定させるために、低温下でも出力が落ちない成分が含まれている。バーナー自体も熱を奪われにくい構造なので、安定した火力が得られる。

Point

OD缶とCB缶の違い

ガスバーナーのガスは、どこでも手に入るCB（カセットボンベ）缶と山での使用にも耐えられるOD（アウトドア）缶がある。違いは形状と器具との接続部分。CB缶はスーパーやコンビニでも入手できるし安価だが、アウトドア仕様のものでないと低温時に火力が上がらない。OD缶はアウトドアショップやホームセンターなどで購入できる。

家もキャンプも間取りが命！

キャンプのリビング・キッチン・寝室をつくる

空間づくりの考え方

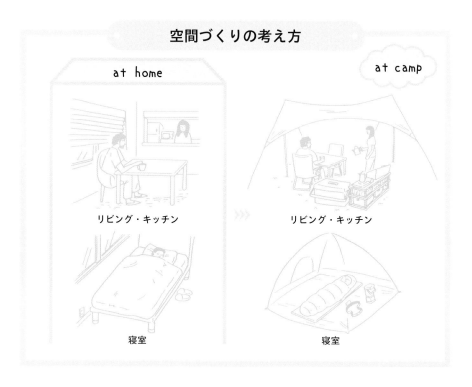

at home

at camp

リビング・キッチン → リビング・キッチン

寝室 寝室

好みに合わせてリビングと寝室をカスタマイズ

　お泊まりキャンプでもっとも重要なことは、雨風をしのげる快適なリビング・キッチン・寝床の空間を確保することです。それさえクリアできれば、よっぽどの悪天候に見舞われない限り、快適なキャンプ生活が送れます。

　初心者にオススメなのは大きく分けて2つです。まずはテントとタープを組み合わせるタイプ。もうひとつは大きなテントを1LKに分けるタイプ。どちらもメリット、デメリットはありますが、はじめの条件を満たしています。あとはキャンプ場で指定されたエリアの広さに合わせて設営するだけ。次のページでそれぞれの特徴とプラスαの情報も紹介するので参考にしてみてください。

開放感重視の人は「テント＋タープ」

寝室と居住空間が分かれている。タープでつくるリビング・キッチンなら開放的で、自然を存分に感じられる。デイキャンプの際に大きめのタープを手に入れていれば、テントのみの入手ですむ。テント単体があるとグループキャンプの際にも便利。

デメリット

・梅雨の時期や風、寒さに弱い

プライベート重視の人は「2ルームテント」

ひとつのテントで寝室と居住空間が成立する。道具としては大きいものになるが、設置撤収の手間が一度ですむのは魅力である。また、タープと違って横雨で濡れる心配がないのもメリット。パネルが開閉できるので、プライベートが確保されるのもいい。

デメリット

・一度設置すると移動が困難

パネル

アイデア次第で無限通り

キャンプの間取りは紹介した以外にもさまざま。巨大なテントの中に小さなテントを張り、空きスペースを自由にアレンジする「カンガルータイプ」、タープと焚き火だけで過ごす「サバイバルタイプ」、タープ下のハンモックを寝床にする「ハンモックタイプ」、寝室だけ車の中にしてしまう「車中泊タイプ」などなど。キャンプに慣れてきたら挑戦してみよう！

カンガルータイプ

ハンモックタイプ

サバイバルタイプ

車中泊タイプ

初心者は自立式が安心

テントの選び方

テント各部位の名称

スリーブ

ベンチレーター

ポール

テント内から見たベンチレーター。開閉することができる。

テント本体

メッシュパネル

ベンチレーター

テント本体にフライシートをかぶせるタイプを「ダブルウォールテント」と呼ぶ。メッシュパネルやベンチレーターでテント内の空気を循環させることで結露を防ぐ。

前室

フライシート

はじめてなら「自立」がオススメ

　テントには大きく分けて自立式と非自立式があります。自立式はテント設営後に場所を変えたくなったときも簡単に動かせます。非自立式はテントをポールとペグで固定してしまうため設営後は動かせません。ファーストキャンプはリカバリーしやすい自立式がいいでしょう。

Point

飽きがこない
アースカラーを

テントも洋服と同じように考えると色選びがしやすくなる。その年の流行色や、奇をてらった色にすると飽きてしまうこともしばしば……。ファーストテントは目にもやさしいアースカラーにすると飽きずに長く使い続けられるだろう。

➠ 広さが魅力の「自立式テント」

前室ナシのドームテント

前室とよばれる「土間」がないまたは靴置き場程度しかない、寝床のみのテント。ポール数は最少で2本からと少なく、設営が楽なのが最大のメリット。扱いが楽なテントの基本形。

前室アリの２ルームテント

前室が寝室エリアと同様またはそれ以上のスペースがあるタイプ。設営に必要な面積はかなり広くなり、さらにポールの本数も多くなるが、その分快適なリビングスペースを確保できる。

➠ おしゃれなモデルが多い「非自立式テント」

ワンポールタイプ

テントの中心にポールを1本立てることで上部が尖った形になるテント。円錐や四角錐の形になる。広い床面積の割りに布とポールが少なく軽量だが、単体だと入口から雨が吹き込むことも。

カマボコタイプ

少ないポール数で最大限の空間を確保するためにデザインされたタイプ。２ルームのものもある。風向きにさえ気を付ければ強風にも耐えられる。ただし、設営は大がかり。

有効面積に注意！

タープの選び方

表記サイズと使える面積は違う！

　自然の中で雨や日光を遮ってくれる屋根となるタープは、サイズも形も豊富。タープを選ぶときに注意すべきは有効面積です。雨は斜めに降ることもあるし、太陽の位置も時間や季節で変化します。実際に使える有効面積は、布の表記面積よりも小さくなるので要注意。各辺マイナス1mと考えましょう。

タープの形・大きさ・収容人数

2人やミニマム型ならウイングタープ

2本のポールを使い、両側をそれぞれ2本ずつロープで張るタープ。設営後上から見た形状が菱形になる。ロープが少なく設営が楽だが有効面積が狭い。

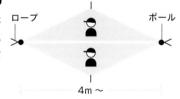

3〜4人ならヘキサタープ

六角形（ヘキサゴン）にすることでウイングタープよりも有効面積が広いタープ。設営の手間は、ロープの数2本分増える。ポールを増やして設営アレンジもできる。

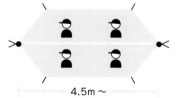

多人数やゆったり型ならレクタタープ

ポール・ロープの数が多い分、有効面積がもっとも広いタープ。形がシンプルな長方形のためポールの本数や高さなどを変えるとさまざまなアレンジができるのも特徴。

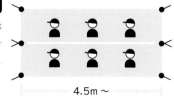

⊁ 目的に応じた素材、色を選ぶ

STEP 2 ｜ キャンプの道具

✓ かさばらないのがいい！

とにかくコンパクトなタープがいい！そんなときは、撥水性があり薄くて丈夫なナイロン素材のものを選ぼう。素材が薄くなるほど軽くなるメリットがあるが、いい素材を使っていると比例して値段は上がってしまう……。

メリット
・たたんだときのサイズが小さくて軽い
・使用後、干して乾かす際の時間が短い

デメリット
・火気の熱や焚き火の火の粉に弱い
・鋭利なものに当たると切れやすい

✓ 近くで焚き火をしたい

多少の熱や焚き火の火の粉に負けない丈夫なタープがほしい場合は、難燃素材や綿素材メインのタープを選ぼう。安心して焚き火もできるが、たたんだサイズは大きく、重い。また、素材によってはカビやすいものもあるので注意。

メリット
・火や熱に強いので焚き火のそばでも使える
・生地が厚いので遮光性にすぐれている

デメリット
・たたんだときのサイズが大きくて重い
・乾燥に時間がかかる。カビやすい

✓ ひとつ目のタープは落ち着いた色味を

山岳用のテントやタープなどは、緊急時に空から見つけやすいようにカラフルなほうがいいが、キャンプ用は目にやさしい色がオススメ。特に、タープ越しに入る光が変な色だと食べものが不味そうに見えるし、写真に写る顔色も悪くなるので気を付けよう。

メリット
・タープ下で見るものの色がおかしくならない
・自然に溶け込み、リラックスできる

デメリット
・自分のサイトを見つけにくい
・個性を出すには飾りが必要

Point
たたみ方のコツはまず"四角"にすること

いざタープやテントをたたもうとすると、元の状態を忘れて「あれ？」となってしまうことも……。そんなときは、まずざっくりと四角形にしてみよう。あとはさらに小さな四角形にしていくだけ。もちろん、レクタタープは簡単！

心地よさが重要

チェアとテーブルの選び方

コンパクトタイプは運搬や収納に便利

組み立てやすいとキャンプ場に着いた瞬間から座れる！

背もたれの角度がポイント

チェアは高さが重要！

チェアの高さを基準にする

　チェアやテーブル、作業台などのファニチャー類を買いそろえようと思ったら、まずはチェアの高さや特徴から決めるのもひとつの手です。チェアが決まれば、そのチェアの高さに合わせてテーブルやそのほかの道具を選べばいいのです。テーブルのサイズはひとり用は小さめにし、グループ用なら大きめのものをつな

げて使用するなどで対応します。作業台の高さもチェアに合わせましょう。

　焚き火中心なら低めのチェア、食事や談笑中心なら日常のチェアの高さ、とにかくリラックスしたいならすぐに使えて背もたれも倒れ気味のチェアにするなど、自分がどんなふうに過ごしたいかイメージしながら決めましょう。

代表的なチェアの種類

座り心地と持ち運びやすさを軸に自分に合ったものを選ぼう！

| 分解組み立て型チェア | 折りたたみ型チェア | 収束型チェア |

座り心地 ★★	座り心地 ★★	座り心地 ★★★
立ちやすさ ★	立ちやすさ ★★★	立ちやすさ ★★
収納サイズ ★★★	収納サイズ ★	収納サイズ ★★
組み立て ★	組み立て ★★★	組み立て ★★★

Point

テーブル天板の素材で選ぶ

キャンプ用テーブルも自宅のダイニングテーブルを選ぶように、木製や竹、一枚板など基本は好みで選んで問題ない。ただ、もし焚き火の近くで使ったり熱いものを直に置いたりしたい場合は、金属製の天板のほうが傷つかないので安心。

CAMP ITEM

地面の冷気から体を守る重要アイテム

寝具の選び方

「暑がり」なのか「寒がり」なのか

「マイナス○○度対応」「3シーズン対応」などとうたっている寝袋なのに、実際に夜を過ごしたら寒かったなんて話をよく聞きます。これは洋服と同じで、自分が暑がりなのか寒がりなのかで大きく変わってきます。

寝袋には各メーカー基準による快適使用温度が示されています。寒がりの人は泊まる場所の温度よりも5度以上高い温度表記のものを選べば問題ないでしょう。

暑いときは寝袋に入らず掛け布団にするなど工夫ができますが、寒いとどうにもできません。キャンプの思い出が「寒くて寝られなかった……」とならないように、個人の耐性に合わせてしっかり寒さ対策をしましょう。

冷気対策の考え方

寝具の冷気対策は「地面からの冷気をどれだけ遮ることができるか」にかかっています。どんなに高性能な寝袋を使用しても、中に入ると地面側の中綿は人の重さでつぶれてしまいます。3段階の冷気遮断方法を参考にしてみて下さい。

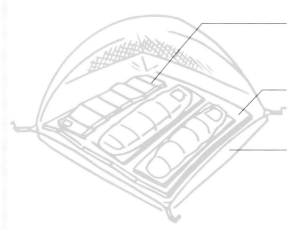

パーソナルマット
寝袋の下に敷く、冷気を防ぐ最重要パート。厚さや質感、性能はさまざま。

インナーマット
テントの中で一番下に敷くマットやシート。湿気や冷気を防ぐ。

グランドシート
テントの下に敷くシート。直接地面に接している。テント内への冷気の侵入や結露を防ぐ最初の床。

➡ パーソナルマットの種類

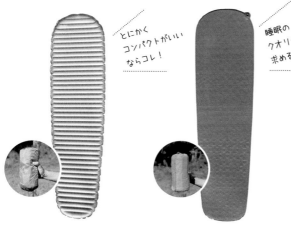

とにかく
コンパクトがいい
ならコレ！

睡眠の
クオリティを
求めるならコレ！

コスパ＆
楽さ重視
ならコレ！

エアー注入式マット

空気を入れて膨らますマット。収納時はコンパクトで軽いが、寝心地の善し悪しはメーカーによって大きく分かれる。

インフレータブルマット

ウレタンとエアー式のいいとこ取りのマット。比較的寝心地もいいが、価格も3種類の中では一番高い。パンク時もある程度使える。

クローズドセルマット

ウレタンにさまざまな加工をしたマット。エアー式と違いパンクのリスクがない。地面に直接敷くこともでき、もっとも扱いが楽。

➡ 寝袋（シュラフ/スリーピングバッグ）の種類

寒いときは
マミー型で！

布団感覚で
寝られる

封筒型

長方形の寝袋で、家の布団に近い感覚で寝られる。ジッパーをすべて開けると掛け布団にもなり、さまざまな使い方ができる。

マミー型

ミイラ（英語でマミー）のような形で保温ロスが一番少ないタイプ。きゅうくつなので、慣れるまでは封筒型に寝心地は劣る。

Point

化繊とダウンの違いは？

ダウンはもっとも軽く保温効果がある素材。軽くてコンパクトだが濡れると保温力を失う。質にもよるが総じて価格は高い。化繊は科学的にダウンの能力に近づけて開発された中綿で、最近は高品質のものもたくさん出ている。重くて大きいが濡れても保温力が比較的維持されるし、価格も安い。

CAMP ITEM

ライト（照明）の選び方

バッテリー式

電池式

ソーラー充電式

LEDなら簡単で種類も豊富

　LEDランタンがキャンプシーンでも主流になっています。電源はバッテリーや電池のほか、ソーラー充電できるものもあり、災害時の備えとしても人気です。

　いずれもスイッチひとつで点灯できるので、初心者でも簡単に扱えますし、火傷や事故の心配もありません。

Point

燃焼系ランタンの魅力

燃料を燃やし明かりを灯すのが燃焼系ランタン。「ゴーッ」という音は雰囲気があり惹かれるが、手間と火傷のリスクがあるので、慣れてからのほうが無難だろう。

ヘッドライトはマスト

　着替えに料理、ものを運ぶなど日常生活において、両手で作業することは多い。キャンプともなると、その機会は増えます。自然の中での活動なので、常に手元や足下が明るいわけではありません。ヘッドライトがあれば、安全な明るさを確保しつつ両手を使うことができます。夜の森散策にも大活躍！

Point
150ルーメンが目安

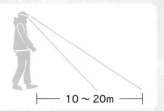

├── 10〜20m ──┤

明るさの単位「ルーメン」はちょっとわかりづらい……。迷ったら150ルーメンのライトを選ぼう。

複数の明かりを使い分ける

燃焼系と虫

燃焼系ランタンには虫が集まりやすい特徴がある。快適な夜を過ごすために、虫寄せとしてテントから少し離れたところに置くのも手。

LEDはテント内OK

LEDは、燃焼系と違い使用時に高温にならない。火傷やテント破損などの心配がないので、テント内でも安心して使用できる。

雰囲気のあるロウソク

明るくなく、手間がかかるロウソクランタン。しかし、炎の揺らぎや小さな音は自然の中でよりリラックスできる心地よさがある。

Point
ランタンの設置はスタンドが便利

ランタンを好きな高さや場所に設置するには専用の器具が必要。主に、タープのポールに吊るすハンガータイプとマイクスタンドのような形のスタンドタイプがある。最初に買うならどこにでも置けるスタンドタイプがオススメ。

CAMP ITEM

ソフトとハードを使い分けて

クーラーボックスの選び方

クーラーボックスの選び方

クーラーボックスはソフトタイプと
ハードタイプの2種類があります。どち
らにもメリット・デメリットがあるので、
それぞれ押さえておきましょう。

ソフトクーラーはとても軽い上、使わ
ないときはたためるので荷物をコンパク
トにまとめられ、デイキャンプにも最適
です。ただし安物の場合はほとんど保冷

機能がありません。高性能なものは価格
も高くなります。

ハードクーラーは箱型で丈夫なつくり
になっている反面、使わないときに場所
を取るのが難点。備品を入れて荷物の運
搬に使ったり、イス代わりにしたり工夫
できるといいですね。自宅での収納も考
えて好きなほうを選びましょう。

⏭ クーラーボックスの使い方

✓ 食材の配置をマスターする

クーラーボックスは、食材の詰め方に
コツがいる。冷気は下にいくので保冷
剤や氷は上部や側面に置き、お肉など
の生ものは下部に置くように。また、
野菜類は保冷剤に直接触れると傷んで
しまうので、段ボールで仕切るなどひ
と工夫しよう。

✓ 保冷剤と氷を併用する

保冷剤と氷どちらを使うか？ 正解は2
つを併用すること。保冷剤は一度購入
すれば半永久的に使えるうえ、薄いの
で隙間に入れることも可能。氷は割っ
て飲みものに入れたり、溶けても飲み
水として使えるので何かと便利。コス
トバランスを考えて併用してみよう。

✓ クーラーボックスの正しい置き場所

いくら保冷機能があるといっても、日
射しの下に置いてしまったら効果は半
減。ソフトクーラーならなおさらだ。
特に夏の直射日光は絶対NG！ 開閉のタ
イミングでも中に直射日光と熱が入っ
てしまう。できるだけ日陰に置こう。

Point

空ペットボトルをウォータージャグ代わりに

キャンプでの水汲みはけっこう面倒な作業。自分のサイトに自由に使える専用ウォー
タージャグがあると非常に便利。かさばるし、わざわざ買うのは……というときは、
空ペットボトルで代用しよう。2人なら2Lペットボトル容器がひとつあれば十分だ。

季節や目的地でアレンジする

キャンプの服装

いちばんの天敵は風と雨

　自然の中で過ごすキャンプは、常に快適な気候とは限りません。また、標高や季節、そして時間によっても体感温度は大きく変化します。

　特に気を付けたいのは季節を問わない気象現象の風と雨。これらをうまく防ぎ、気分よく過ごすには "キャンプのTPO" を知り実践することが大切です。

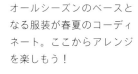

春秋

オールシーズンのベースとなる服装が春夏のコーディネート。ここからアレンジを楽しもう！

✓ 脱ぎ着しやすい服

寒暖差が激しい春秋キャンプでは、体温調整を気軽にできる服装が望ましい。上着はパーカータイプよりも前が開くジッパータイプがオススメ。

✓ 長袖長ズボン＋アウター

長袖長ズボンで寒さ・虫刺され・草によるかぶれを防ぎ、必要に応じて防水のアウターで風を防ぐキャンプの基本ウェアリング。肌寒いときはさらにダウンを着たりと、レイヤード次第でさまざまな気候に対応できる。雨天時は足下を防水シューズや長靴に。女性はロングスカートにレギンスでもOK。

Point

雨対策にはレインウェア

アウトドア用のレインウェアは蒸れなくてオススメ。レインポンチョも蒸れにくいが、設営などの作業には向かない。傘があるとトイレに行くのに便利。

風対策にはウィンドブレーカー

風は体感温度を一気に下げる。服の上から風を防げるウィンドブレーカーなどを着るのがオススメ。もちろん、同じ機能を持ったレインウェアを併用してもよい。

夏

夏は熱中症予防を意識したうえで、涼しく身軽な服装。帽子は忘れずに！

夏

✓ **足元も 疎かにしない**

雨の日にサンダルなどの軽装だと、濡れてしまい足下から体温を奪われることに。長靴など防水の靴とともに、靴下も多めに備えておきたい。

Point

気温は標高100mで 約0.6度下がる

キャンプの服装は、目的地の標高がポイント。たとえば標高0m地点から1000mの高原キャンプ場へ行くなら、約6度気温が低くなる。自然の知識を学んで準備しよう！

1000〜1500m

インナーダウンは必須

高原での寒さ対策には、風を防ぎ体の熱を逃がさず、暖かい空気の層をつくることが重要。季節問わずインナーダウンは大活躍する！

500〜1000m

夏でも油断しない

夏は暑さから逃れ避暑地でキャンプすると快適だが、夜になると一気に気温が下がる。油断せずに春秋用のウェアを用意しておくこと。

冬のキャンプは冷えに注意！肌の露出を減らし、焚き火用に難燃素材の上着を着よう。

冬

0〜500m

抜かりなく準備を

都市圏から自然の中に入ると、思ったよりも寒かったということがよくある。GWや初秋などの時期はアウターやベストなど防寒着もしっかり準備しよう。

✓ **体感温度は 風で下がる**

実際の気温とは別に、体感温度も大切。低温下で風を浴びると、気温以上に寒く感じるもの。場合によっては低体温症の恐れもある。

CAMP ITEM

あると便利な
サブアイテム

優先順位

高

ヘッドは
鉄製に

ペグハンマー

テントやタープの設営時に
ペグを打つ際に使う。でき
るだけ重くて丈夫なものを。

保温ボトル

ポット代わりにあると大活
躍する。温冷どちらもキー
プできるのがいい。

トートバッグ

細かいものをまとめたり、
お風呂セットを入れたり、
サイズ別に複数ほしい。

開放的に
なれる

レジャーシート

デイキャンプの空間づくり
から、雨よけとして備品に
掛けるなど活用の幅は広い。

クーラースタンド

クーラーボックスを置く台。
直置きよりも、体に負担を
かけず出し入れできる。

サンダル

テントと外を行き来する際、
シューズだと煩わしいので
サンダルがオススメ。

Point

なにかと役立つ作業用革グローブ

布の手袋よりも丈夫なので、備品運びや設営・撤収時に
装着しておけばケガや汚れが付くのを防げる。BBQで
炭を扱ったり、焚き火をするときにもマストなアイテム。

キャンプを重ねるほど、自分専用アイテムが増えていく楽しさ

はじめてのキャンプは「△△があったら便利だったな」などの反省も多い……。

これは何度行っても同じ思いをするので通過儀礼として受け止めよう。反省をいかして次のキャンプに向けた準備を。快適に、楽しくなるための装備を考えていくと、自分だけのオリジナルリストができあがるはずです。

低

シェルフ

備品を地面に直接置かずにすむ。整理整頓ができる。タープ下の居住空間が快適に。

ペグハンマーや燃料などをまとめる

コンテナ

備品を用途別に入れておけば、家からの運び出しも帰宅後の保管も楽。

除菌スプレー

テーブルや小物を拭いたり、撤収時火気の掃除にも使える。食中毒対策にも。

雑巾 / タオル

雨天時や、道具をきれいに掃除しながら撤収するときにあると戦力になる。

ゴミ箱

生ゴミなどそのまま置いておくと野生動物に荒らされることも。あると安心。

ひと家族なら4Lタイプくらい

ウォータージャグ

これがあれば何度も水くみに行かなくてOK。ペットボトルでも代用可。

Point

あるとうれしい蒸しタオル

朝起きたら水筒のお湯で蒸しタオルをつくってみよう。あたたかいタオルで顔を拭く幸せ。自然の中で過ごしていると、とてもうれしいアイテムだ。

column 2

キャンプにまつわるお金の話

キャンプをするには一体いくらお金がかかるの？ キャンプをこれからはじめようという人にとって、一番知りたい情報ですよね。

　もしもキャンプ道具を自分でそろえる場合は、"長く使えて機能的だが高すぎないもの"をベースにしましょう。春や秋の寒すぎないシーズンの使用として、家のものを活用しても4人家族の場合、10万円はかかります。そのため、まずは絶対に必要なものから計画的に少しずつそろえていくのがいいでしょう。さらに、キャンプ場の使用料金、

車の場合は有料道路にガソリン代、そして飲食費や嗜好品などトータルで、平均して1回あたり4人で3万円程度かかります。

　もしもコテージ泊になると、場合によってはもう少しかかる場合もあります。もちろん、慣れてくれば利用料が安いキャンプ場（設備は完璧ではないけれど）を選んだり、冷蔵庫の余り食材を活用したりしてコストを低くすることができます。

　旅行やレジャーと同じように、どこにお金をかけて、どこを節約するのかのバランスを考えながらキャンプを楽しんでくださいね。

快適さと予算の
バランスを考えながら
楽しもう！

キャンプサイトの設営

CAMP IN

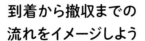

到着から撤収までの流れをイメージしよう

キャンプ場に着いたらまず何をしたらいいの？　現地での行動ははじめてキャンパーにとっては謎の世界ですよね。最低限やるべき行動をひとつずつ追ってみると、意外とシンプルなんだと気づけますよ。

決め手は居心地のよさ

テントサイトの選び方

ターブやテントを設営する場所をサイトというよ

湖の見える
ここに
決めた！

はじめてならオートサイト

オートサイトとは、決められた区画に車を置き、その隣にテントやタープを張ることができるサイトのことです。

設営や撤収などの荷運びも楽ですし、もしものときもすぐに車へ避難できるのではじめてのキャンプには最適です。電源や炊事場、焚き火エリアまで付いている場所もあるので事前に調べておこう。

Point

必ず予約をしよう

キャンプサイトは、突然行っても満員で泊まれないこともあるため、必ず予約をしてから利用しよう。ハイシーズンは特に混雑する。

▸▸ フリーサイトの場所選びのポイント

フリーサイトは、「このエリア内だったらどこに車を入れて、テントを張ってもいいよ」というスタイルのキャンプサイト。自由度が高いのがメリットですが、はじめて利用するときは選択肢がありすぎてどこにするか決めるのに悩んでしまうことも。選ぶ際のポイントを紹介するので参考にしてみてください。

✓ 景色のいいところ

せっかく自然の中に来たのだから、美しい山並みや夕日がきれいに見えるなど、好きな景色が見える場所を選ぼう！

✓ 木のあるところ

特に真夏のキャンプでは、日陰をつくってくれたりハンモックを掛ける場所になったりと活用できる。

✓ 地面が平らなところ

斜面のある地面に寝床やリビングを設営してしまうととても過ごしにくい。可能な限り平らな場所を探そう。

✓ 川に近すぎないところ

川は増水などの危険も多い。川で安全に過ごす知識がない場合は、少し離れた場所にしよう。

✓ トイレ・炊事場と
　 適度な距離感があるところ

トイレや炊事場は近いほうが楽だが、常に人が行き来する。自分たちにとってちょうどいい距離を見極めて。

【快適に過ごせるかがポイント】

サイトの
レイアウトを考える

配置で快適さが大きく変わる

キャンプサイトのデザインは、自分の家をデザインするのと同じです。何に重きを置いて、どんなふうに過ごしたいかがキモになります。

日当たりがいい、アイランドキッチン、リビングは広々など、これから過ごす"我が家"を最高の場所にするために、ベストなレイアウトを考えましょう。

レイアウトを考えるための3つの視点

景色

自分たちが過ごすリビングからどんな景色が見えるか？まずはこれを第一に考えてみよう。見える景色でキャンプの贅沢感は大きく変わる。

動線

小さな"我が家"で快適に過ごすには、無駄な動きをなくすのがポイント。テントやタープの位置関係、そして中にセットするものも、人の動きを考えて配置しよう。

プライベート感

人気のキャンプ場は前後左右にほかの人のサイトが隣接することも。自分たちが座る向きや出入り口の方向などを考え、プライベートも保てるよう工夫しよう。

➠ サイト全体のレイアウト

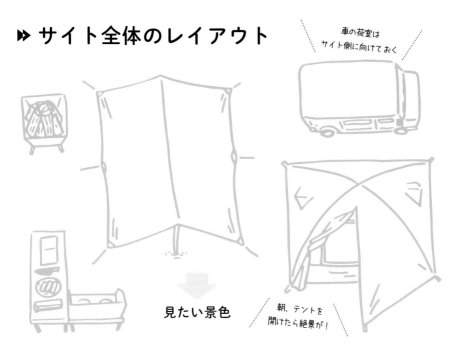

車の荷室は
サイト側に向けておく

見たい景色

朝、テントを
開けたら絶景が！

キャンプサイト内に自分たちの居場所をどうレイアウトするか？ 基本は無駄な動きがなく、快適なプライベートを確保できる空間にすること。ただし、自然の地形には逆らわず、木の根などを痛めないようデザインすること。

キッチンはL字が
作業しやすい！

- ・きゅうくつ感のない過ごしやすい配置を意識する
- ・自然にも配慮した空間デザインにする

➠ テント内のレイアウト

テント内は、コンパクトで快適な寝室とクローゼットだ。基本は整理整頓を心がけ、使用頻度の高い電気類や着替えなどはすぐに手が届くように置いておく。使わないものは端にまとめて整理しておこう。

- ・すぐに使うものは枕元の手が届く所に
- ・使わないものはまとめて足下に

CAMP IN

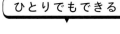

ひとりでもできる

タープを張るコツ

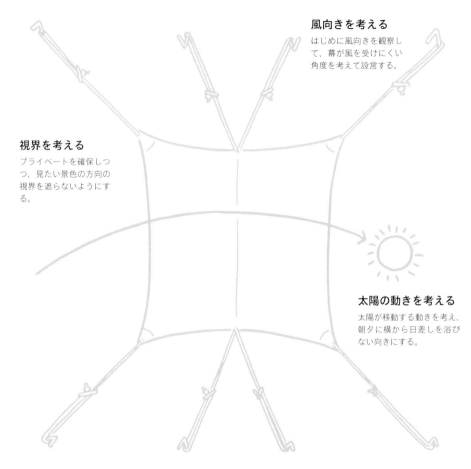

風向きを考える

はじめに風向きを観察して、幕が風を受けにくい角度を考えて設営する。

視界を考える

プライベートを確保しつつ、見たい景色の方向の視界を遮らないようにする。

太陽の動きを考える

太陽が移動する動きを考え、朝夕に横から日差しを浴びない向きにする。

風の強い日は張らない

タープは大きな布なので風を受けやすいもの。通常の風程度なら逆らわずにうまく活用して設営することも可能ですが、強風の場合は自分もタープと一緒に飛ばされて転んでしまう危険があります。

「ちょっと無理かも」と思ったら、風が弱まるまで設営は後回しにしましょう。決して無理をしないように。

➡️ タープ設営の手順

現地ではじめて挑戦する前に
動画で予習しておくのがオススメ!

必要なポールすべてをつなげてセットする。この際、ジョイント部分に土が入らないように注意。

設営したい場所に入口の向きを決めてタープを広げる。上下左右に邪魔になるものがないか確認する。

メインポール、張り綱の正しい設置位置を予測して地面にセットする。これを2カ所行う。

張り綱の間にペグを打つ。伸びた張り綱の1m手前(タープ側)に打つと後でポールを立てやすい。

片側のメインポールを立てたら、ポールが倒れないよう布を引きながら移動し反対側も立てる。

張る

ゆるむ

張り綱の張り具合を調整する自在金具を動かし、メインポールがしっかり立つよう調整する。

タープの四隅にもポールと張り綱をセットし、ペグを打つ。順番は常に対角線側を行う。

タープが張れたら、全カ所の張り綱の張り具合、ペグの刺さり具合をチェックして完成。

四隅の張り綱を遠くで固定してしまうと、写真のように簡単にポールが浮いてしまうので注意。

Point

付属品ではなく鋳造ペグを用意して

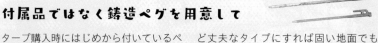

タープ購入時にはじめから付いているペグは、プラスチック製や曲がりやすい金属のものが多い。別売だが、鋳造ペグなど丈夫なタイプにすれば固い地面でもしっかりと打ち込める。どんな地面かわからないので用意しておくのが吉。

テント設営は完璧に！

テントを設営するコツ

CAMP IN

　ここで紹介するのはベーシックなドームテントの設営方法です。メーカーにより違いはありますが、立て方のポイントは共通。現地で困らないように、事前に参考動画を見てシミュレーションしておきましょう。

▶ テント設営の手順

平らな場所を選び、地面を整地する。寝たときに不快になりそうな石や枝などをどかしておく。

保護、浸水防止にレジャーシートなどを敷き、入り口の方向を決めテント本体の幕を広げる。

準備したポールをクロスさせて置き、テントの四隅の金具とポールの端をはめてセットする。

セットしたポールを立ち上げて、本体に付いているフックをポールに引っかけていく。

フライシート（外側の布）を本体にかけて四隅をとめる。テントの出入り口の向きに注意する。

フライ各所にある面ファスナーをポールに巻き付けて、ポールとフライを接続させる。

テントの四隅を引きながらペグで止める。四隅が終わってから入り口、長辺も忘れずに止める。

強風対策に、テントの四隅中央にある張り綱（ロープ）を対角線上に引きペグで止める。

ペグの打ち忘れや出入り口の向きなどをチェックし、必要なら微調整をして設営終了。

⇥ テント設営時のチェック項目

✓ ポールの扱いに注意

複数の部品がゴムで連結されたポール。
接続部分はしっかりとはめ、中に土な
どが入らないように注意。

✓ 本体とフライの隙間をつくる

くっつかない

本体とフライの布がくっついていると
雨水が伝わりテント内に水が入る。必
ず本体とフライの間に隙間をつくる。

✓ 換気口をセットする

家でいう"強制換気"の機能にあたる換
気口部分（ベンチレーター）をセットす
る。テント内の結露などを防げる。

✓ ペグ打ち前に向きを決める

ドームテントは形ができてからでも向
きを変えられるのがメリット。風向き
や景色などを考えて向きを決める。

✓ フライはピンと張る

設営最後にフライシートをピンと張ら
せるために四隅のベルトを引き調整す
る。たるみは水が溜まる原因になる。

✓ パネルの巻き上げ方に注意

入り口部分のパネルが不要で巻き上げ
るときは、水が溜まらないようにテン
ト側方向に内巻きで巻き上げる。

寝る前にちょっと待った！

キャンプでの 夜の準備

ちょっと
片付けて
おこっか

気持ちよい朝を迎えるために

　楽しかった夜をそのままにして就寝した翌朝、声も出ないほどの惨状が……。食料は野生動物にかじられ、焚き火のそばのチェアは夜中の雨でビショビショなんてこともよくある話です。

　ちょっぴり面倒でも就寝前に整理整頓するだけで、翌朝気持ちいいリビングで薫り高いコーヒータイムが過ごせます。

Point
盗難被害に注意

最近、キャンプ場では金品以外にも最新の高級キャンプアイテムなどの盗難事件が発生している。人を信じてキャンプを楽しみたいところだが、常に目が届くところに置く、心配な物は車にしまってロックするなど、自己防衛はしっかりとしておこう。

➡ 暗くなる前にすませておきたいこと

✓ 照明の準備

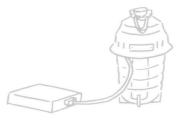

ガスや電池などの燃料、場合によって
は電球部分になるマントルなどをセッ
トし、あとは灯すだけの状態にする。

✓ ヘッドライトの準備

暗くなってからでは遅すぎる！ 明るい
内から電池チェックをすませ、首に掛
けたりポケットに入れておこう。

➡ 寝る前にやっておきたいこと

✓ 使った食器類は拭いておく

汚れたままの鍋や食器は野生動物の餌
食に……。洗うのが面倒だったら、臭
いが残らないように拭いておくだけでも。

✓ チェアなどをタープ下に集めておく

突然の雨や朝露で備品が濡れたり、風
で飛ばされたりしないようにタープの
なるべく中心に集めておく。

Point

テント内も明るい内に

寝袋・マットなどの寝床のセットや夜の
お風呂道具、翌日着る服、テント内で使
うライトの準備などは、明るい内にすま
せておこう。暗くなったら余計に時間が
かかるし、寝袋は日中の暖かい空気を含
んでふっくらしてくれる。

071

キャンプの天気は変わって当たり前

悪天候への対処の仕方

無理をせず、安全に過ごせる選択をすれば間違いなし!

出発前に悪天候がわかればキャンプを中止すればいいですが、キャンプ中に突然悪天候に見舞われてしまうことも……。

強風になりそうなら飛んでしまう可能性のあるものをすべて撤収し、大雨ならタープ下中央に道具や備品を移動させましょう。もしも雷なら、迷わず車か管理棟などに避難します。常に早め早めの判断で、安全に過ごせる選択をする必要があります。

▸ 悪天候時のサイト設営

✓ 森林サイトを選ぶ

天気が悪化しそうなときは、雨風がよけやすい木がある森林サイトを選ぶ、または変更しよう。折れ枝には注意。

✓ タープは風速5mまで

慣れていれば問題ないが、風が強くて設営が不安な場合は、無理矢理張らずに風が収まるのを待とう。

Point

空いていればコテージに変更してもいい

キャンプサイトにテントを立てたからといって、絶対にそこで過ごさなくてはいけないわけではない。悪天候時やそのほか不安があるときは、空きがあれば迷わずコテージ泊に変更しよう。安全に楽しい時間を過ごせることが一番大切だ。

▶ 雨の日のキャンプの注意点

✓ タープの雨水を逃す

追加のロープとペグでタープの長辺部分を下げ、雨水が流れ落ちる道をつくる。両端より10cm程度下がっていればOK。

✓ 横からの吹き込みを防ぐ

タープは飛ばない程度だが、強風や冷気が気になる場合は、タープの1辺を下げて風よけにする方法もある。

✓ タープとテントと車を連結

タープの1辺をポールなしで車に結びつける方法もある。風で飛びにくくなり、濡れずに車へアクセスできる。

✓ 防水の靴はマスト

足が濡れて体が冷えると、低体温症につながる危険もある。長靴など防水の靴は必ず準備しておこう。

✓ 急な撤収時はゴミ袋へ

濡れたテントやタープはあとで干さなくてはならないので、ひとまずゴミ袋にざっくり入れて撤収してしまおう。

✓ 無理をせず撤退する

せっかくだから！ なんて無理してキャンプをしてもいい思い出にならない。無理せず撤退する勇気も持っておこう。

暑さと寒さへの対処の仕方

夏のキャンプこそ危ない!?

夏は水遊びにハイキングとアクティビティも豊富で楽しいですが、実は病気やケガの危険が多い季節。高気温からの熱中症や脱水症状、植物によるかぶれや虫刺されなどのトラブルも頻発します。

冬は寒さへの覚悟と準備をしてくるものの、夏に標高が高いキャンプ場で雨風にさらされれば、低体温症になってしまう場合も。夏休みもありキャンプに行きやすい季節ですが、しっかりと対策を。

▶ 夏の暑さへの対処方法

✓ 直射日光を避ける

帽子や長そでの着用、日陰に入るなど直射日光を防ぐ工夫を。

✓ 水分補給

いつもよりおしっこの回数が増えるくらいの水分補給を心がけよう。

✓ 火傷に注意

薄着で焚き火や火気を扱うので火傷しやすい。日焼けの火傷にも要注意。

Point

濡れタオルで体温を下げる

熱中症になる前に、こまめに体温を下げることを心がけよう。水分補給や水浴びも有効だが、さらに濡れタオルや保冷剤を包んだタオルを首などに巻いて体温を下げる。夏のキャンプはこまめなクールダウンが有効だ。

▶ 寒さへの対処方法

✓ ブランケット類が重宝する

防寒着のほかにも、さっと掛けたり体に巻いたりできるブランケット類があると便利。持ちものリストに加えよう。

✓ 湯たんぽやカイロを活用

携帯カイロや湯たんぽは、強制的に体を温めてくれる。ホット用のペットボトルでも簡易湯たんぽをつくれる。

✓ 飲食物を工夫する

唐辛子を効かせたメニューや鍋といった食べもの、ホットミルクなどの温かい飲みもので体の中から温める方法も有効。

✓ 寝袋を事前に温める

寝る1時間前に寝袋の中に湯たんぽを忍ばせておけば、ポカポカの寝袋で寝ることができる。水漏れには要注意。

Point

テント内でのストーブ使用はNG

テント内でストーブを使用する人が増えているようだ。基本的にはテント内での火気の使用は、一酸化炭素中毒や火事の観点からほとんどのメーカーは推奨していない。命の危険にさらされるリスクはおかさずに、安全な保温対策をとろう。

チェックアウトまではあっという間

慌てないで撤収する方法

前日とチェックアウト2時間前から行動開始

　撤収作業は遅くともチェックアウト2時間前からスタート。効率よく撤収作業をするためには、前日の「撤収準備」がキモ。寝る前に使わない服や小物などを片付けておくと、作業量を大幅に減らせます。当日も干すものは先にしたり、帰宅後に洗ったり手入れするものはざっとまとめるなど、手順を考えて行動すること。

撤収時のポイント

早起きは三文の得

キャンプ場での早起きは三文以上の得がある！　まだ暗い時間に起きれば、きれいな朝焼けを楽しめ、明け方は野鳥の声を聴き、きれいな空気を体一杯に入れられる。朝食もゆっくり味わえるうえに、洗いものも含めて撤収作業をどんどん早められる。

デイキャンプで延長も

出発日は慌ただしく過ごしてクタクタになりたくない……。そんなときは、ホテルでいうチェックアウト時間の延長も視野に入れておこう。デイキャンプの申込みをしておけば朝はゆっくり過ごし、天気がよければ干しものをすることができる。

▶ 早めにやっておくべき撤収行動

✓ 起きたら寝袋を干す

天気がよければ、まずは乾燥に時間がかかる寝具類を干しはじめよう。テント内が空になればテントも干せる。

✓ テントの裏側を乾かす

忘れがちなのがテントの裏側。地面からの湿気などで濡れていることが多い。ひっくり返してしっかり干そう。

✓ 焚き火は1時間前にやめる

焚き火台は冷めるまでに時間がかかる。水をかけると変形してしまうこともあるので、1時間前から自然冷却する。

✓ 食器類はクーラーボックスで持ち帰る

食器類は空になったクーラーボックスにまとめて入れよう。帰宅後一気にて整理できて、割れや傷も防げる。

▶ 次のキャンプに向けてやっておきたい撤収行動

✓ タープを干しておく

結露で濡れたタープの内側が乾いたら、メインポールだけ残してバサバサと落ち葉や水滴を落として乾燥させる。

✓ ペグを洗っておく

泥が付いたままのペグは、錆びや劣化の原因になる。しっかり洗って乾燥させてからケースにしまおう。

増殖し続けるキャンプ道具の誘惑

本格的にキャンプするようになると、雑誌やウェブメディアなどで最新のキャンプ道具をリサーチするのが楽しくなります。アウトドアショップ巡りも楽しい休日の過ごし方になるでしょう。

キャンプ道具は日進月歩で進化しています。かっこよくて使いやすいグッズが次々と登場したり、その年の流行に合わせてさまざまな色や形が展開されたりしていきます。

これは日常における洋服や家具などと一緒で、追いかけはじめるともう完全に泥沼にはまってしまいます。気付けばチェアが4脚から8脚になり、テントも2張り、3張りと増えていきます。

毎日使うものならともかく、実際は保管されている時間のほうが長いキャンプ道具。そんなものを際限なく買い続けていれば、家庭内における自分自身の居場所も一緒に狭くなってきてしまうことも……（涙）。

キャンプ道具を洋服にたとえるなら、ファストファッションではなく、少々高くても着心地がよく、飽きがこなくて着回しができ、長く着られるような良質なものを選ぶのがよいでしょう。

キャンプ道具にも丈夫で飽きがこない形やブランドがあります。また、古くなっても修理対応をしっかりとしてくれるブランドを選ぶと、奮発して購入した道具たちと長く付き合っていくことができますよ。

寝袋だけでも
用途や季節の違いで
気付くとどんどん
増えてしまう……。

キャンプで
料理を楽しむ

COOKING

初心者キャンパーの一大イベント
「野外調理」に挑戦しよう

テレビや雑誌などで見るキャンプごはんは豪
華で楽しそうですよね。まずは、野外調理
の基本からマスターしていきましょう。コツさ
えつかめばキャンプごはんの世界がどんどん
広がります!

COOKING

キャンプ料理のコツ

外でやるだけで
特別感が
あるね

わたしが
やりたいー！

キャンプ場では手間をかけない

　キャンプ料理には豪華で美味しそうなメニューがたくさんありますね。はじめのうちからこれに挑戦すると大変！ テントの設営に料理の下準備、不慣れな調理道具に四苦八苦……なんていうことも。キャンプに慣れるまでは、手間をかけない料理から挑戦してみてください。時間に余裕ができ、より楽しく過ごせるはず。

Point
食材は自宅でカット

1からすべて現地でこなさなくても大丈夫。事前に食材をカットしておくと時短になる。調理工程も「遊び」とするなら、現地でみんなで取り組める作業も残しておこう。

⇥ ざっくりとメニューを決めて計画を立てる

すべて行き当たりばったりでキャンプ料理をすると、「調味料が足りない！」「道具を忘れた！」といったことになりがち。

現地で険悪なムードにならないために

も、まずはざっくりとメニューを決めておきましょう。事前にメニューを決めておいて、ある程度買い出しをすませておけば、当日の買いものもスムーズです。

1泊2日のキャンプの食事は3回！

1日目

昼食

カットしてきた具材をはさんでサンドイッチに。持参した水筒のお湯でスープも。

夕食

じっくり煮込むちょっと豪華な料理に挑戦！ 家族や仲間と料理する時間を楽しむ。

2日目

朝食

昨晩の残りを活用した簡単朝ごはんに。コーヒーだけこだわってみるのもひとつ。

✓ 焼くか煮るかで道具が決まる

スキレット
高熱で焼く、蒸すが得意な鉄製フライパン。蓄熱性もあり、炭火・焚き火でも使える。ひとつあると便利。

ダッチオーブン
圧力調理、焼く、炒める、煮る、蒸すが得意なオーブン料理もできる鍋。蓋上に炭火ものせられる。

BBQグリル
肉や野菜を美味しくいただくなら炭火で焼けるグリルで。蓋付きなら塊肉も簡単に焼ける。

入念な計画が成功のカギ！

事前準備と買い出しのコツ

買い出しのための事前計画が重要

はじめのうちは、すべての材料を当日買うのは避けましょう。家にあったものを現地のスーパーで購入するはめになったり、必要な材料が売っていないことも。

事前にやっておくべき準備と当日やることを書き出し、計画を立てましょう。もちろん、現地で調達する地元の食材も存分に楽しんでください。

キャンプ当日までの流れ

キャンプ3日前まで

調理法を決めてそれに合ったメニューを決める。必要な食材や調味料、道具などを書き出しておくと忘れものがなくなる。贅沢にするポイントも考えながら作戦会議を。

キャンプ前日

お肉を漬け込んでおくなど、事前に買った食材の下準備をしておく。また、家にある調味料を必要な分だけ小分けにしておくと荷物も減らせる。調理道具のメンテナンスや最終確認もみんなでやろう。

キャンプ当日

現地の道の駅やスーパーなどで、新鮮な地元食材を購入する。見つけた食材でメニューをアレンジしても楽しい。不意に思いついたメニューに挑戦するのもキャンプの醍醐味だ。

 「キャンプのスケジュールを立てる」 → P28

▸ 食材や調味料の運び方

　自宅で準備した食材も、運搬中につぶれたりこぼれたりしたら台なし。液状のものは二重に密閉させたり、割れやすいものは保護したりするなど、ひっくり返しても被害を最小限に抑えられるよう梱包時に注意しましょう。また、途中で食材を買い足す場合、クーラーボックスは車内の取り出しやすい位置に置くこと。

✔ 常温保存できるものの運搬方法

缶詰やインスタント食品、コーヒー豆などの乾物類や冷蔵保管の必要がない野菜などは、食品がつぶれないような箱に入れて運搬しよう。夜間は蓋をして動物や雨よけも必要。

- ・ひと目で何があるか見えやすい箱で管理
- ・ぶつけたら傷みそうな食材は、丈夫な箱で管理をする

事前にカットしておくと、運搬の際に省スペースになってラク。

✔ 調味料は自宅のものを使う

なるべく自宅の調味料を使おう。大きくて場所を取るものは小分けにしたり、決まったケースで運搬するとスマートに使え、汚れも少ないので帰宅後もまた使える。

- ・自宅にある大きな調味料は小分けにする
- ・帰宅後も自宅で使用できるように、汚れない運搬、保管方法を考える

キャンプの度に買ってしまい、家には調味料だらけといったことも。積極的に自宅のものを活用しよう。

✔ 割れない・こぼれないパッキングを心がける

キャンプの運搬は、落としたりぶつけたりは当たり前。専用ケースで保護したり、液漏れしないように瓶物は縦置きで運べるケースにするなど工夫をしよう。

- ・割れやすい食材はしっかりと保護する
- ・液体のものは縦に置く
- ・蓋をテープで留める

キャンプで活躍する卵は、数百円で買える専用ケースに入れると割れにくく安心。

「クーラーボックスの選び方」→ P54　　083

COOKING

炊事場を効率よく使う

洗いもの
お手伝いしてくれて
ありがとう

キッチン用テーブルなんて不要！

　お湯が出て、広い作業場所を完備した共同炊事場があるキャンプ場も。これを活用すれば、初期投資段階でキッチン用のテーブルは後回しにできます。

　時間帯によっては混むこともありますが、食材の下味処理など基本的なことはすべてできます。ルールを守って上手に利用しましょう。

Point

カゴやシンクが便利

自分たちのキャンプサイトから食器や食材を炊事場に運ぶときは、できるだけ一度にたくさん運びたい。携帯できる簡易シンクやスーパーで購入できる買いものカゴが便利。

▸▸ 炊事場利用の注意点

✓ 食べ残しは事前に処理しておく

料理は完食。残ったソースもパンなどの食べもので取って食べるのがベスト。食事は無駄が出ないようにしたいが、難しいときはせめて残りものを袋に入れ、水を大量に使わないようにさっと拭いてから洗おう。

・汚れた器や鍋は洗う前に拭き取る
・できるだけ完食し、余ったときは別の料理に活かせないか考える

炊事場に持っていく前に自分のサイトで洗いものをさっと拭き取る。これだけで洗うのも楽になる。

✓ アルコールスプレーやお湯のキープを

限りある水を無駄にしないためにも、アルコールスプレーや、油落ちがいいお湯をポットにストックしておこう。きれいに拭き取れるので片付けも早く終わるしもちろん無駄もない。

・アルコールアイテムはひとつ用意しておくと便利
・水や洗剤を使いすぎない工夫を

アルコールスプレーは、油汚れも簡単に落としてくれるほか、気化してすぐ乾くので便利。

キャンプ場のゴミ出しルールを確認

ゴミ袋を持参

指定ゴミ袋の配布または別売の場合も、一旦持参のゴミ袋で保管するとまとめやすい。

ルールに沿った分別

分別方法はキャンプ場によって違う。必ず宿泊先のキャンプ場のルールに沿うこと。

各自で処分

ゴミは持ち帰りがルールの場所も。その際はすべて家に持ち帰って処理する。

キャンプならではの調理法

炭を使いこなして BBQを楽しむ

炭が扱えるとアウトドア料理が上手くなる!

「アウトドア料理といえばBBQ」と思う人も多いのでは? 最適な炭火で焼いた肉や魚、野菜はうまい! アルミホイルを使えばワンランク上の料理もできます。

そんなBBQに欠かせないのが「炭の知識と技術」。これをマスターすれば、ダッチオーブンを使った料理も自然と上手になれるのでぜひマスターしましょう。

炭の種類

着火成形炭

炭の粉などを圧縮成形したものに着火材を混ぜた炭。安価で着火も楽だが、食材に臭いが移ることがある。ダッチオーブンには最適。

切炭

クヌギやナラなどの木をそのまま炭化させて切り出した炭。火付きもよく、火力もコントロールしやすいオールマイティーな炭。

備長炭

カシなど硬い木を炭にしたもの。火付きは悪いが煙や臭いが少なく火持ちもいい。プロの料理人も使う高価な炭。初心者には不向き。

▶ 炭への簡単な着火方法

中心の着火材を囲むように炭を並べる。空気が通りつつも、炭と着火材が接するように置く。

熱と火は上に上がるので、炭も上に高く積み上げる。形が一定ではない炭も同様。その後着火する。

着火に成功したら、炭全体に熱が回り赤くなるまで待つ。状況に合わせて炭を追加していく。

▶ 炭の置き方

全面に高火力が必要な場合は、全体に赤い炭を広げて置く。一気に多くの食材を焼くのに有効。

中心にほどよい熱を届け、じっくりと焼きたいときは炭を両サイドに寄せる。塊肉などに適している。

焼き場、保温場所を分けたい場合は片側に炭を寄せておく。火力も強、中、弱になる。

Point

炭を扱うときの注意点

炭は水を掛けた程度では消えずに再発火する可能性があるため危険。完全に鎮火させるためには水に浸けたり、火消しツボに入れて酸欠にさせたりする必要がある。

溜めた水の中に炭を入れ、炭が完全に沈黙するまで水に浸けておく。

炭を酸欠にさせて鎮火させる「火消し壺」なら、炭の再利用ができる。

誰が一番分厚くできるかチャレンジ！

ファットサンド

切った食材を
持参すれば
さらに楽に♪

● 材料(4人分)

食パン6枚切り	2枚
にんじん	1本
きゅうり	2本
パプリカ	2個
トマト	1個
レタス	6枚
ハム	8枚
マヨネーズ	適宜
塩	適宜
こしょう	適宜

● 作り方

1 にんじん、きゅうり、パプリカをパンの幅より少しだけ短く細切りにする。

2 トマトは輪切りにし、レタスはちぎって洗い水気をしっかりときる。

3 オーブンシートを長めにしき、パンを1枚のせる。食材の色の層を意識しながらレタス、切った食材、ハムをできるだけ多く重ねる※。

4 途中、好みでマヨネーズ、塩・こしょうをかける。最後にパンを1枚のせる。

5 オーブンシートの長辺と切った野菜が平行になるように置き、サンドイッチを抑えながらキャンディー状にオーブンシートでくるんでいく。くるんだら両端をしっかりとねじる。

6 パンをしっかりと押さえながら真ん中を一気に切る。

※真ん中に一番ボリュームが出るように重ねる。

COOKING
02

ベーコントアボカドを一口でパクッ

ベーコンとアボカドのグリル

ベーコンはスープや
朝食にも使える
キャンプの優等生食材

● 材料（4人分）

かたまりベーコン
　　　　　　　　250g

アボカド ……………… 1個

にんにく …………… 1片

レモン ……………… 1個

塩 ……………………… 適量

こしょう …………… 適量

オリーブオイル… 適量

● 作り方

1 ベーコンとアボカドを同じくらいのサイズに大きめに切る。

2 にんにくを潰し、刻んでスキレットに入れ、オリーブオイルを少し多めに入れて火を入れる。

3 オリーブオイルが温まったらベーコン、アボカドを入れて焼く。

4 焼けたらレモン＆塩・こしょう をかける。

Point

キャンプ料理にはスキレットが便利

フライパンのような形のスキレットはキャンプの人気アイテム。鉄製のため、蓄熱性が高く、完成した料理をそのまま出しても冷めにくいのが特徴。ただし、テーブルを焦がさないよう鍋敷きを使うとよい。

03 ワイルドビーフステーキ

お肉を常温に戻すのがポイント

> ワイルドに
> かぶりついて!

> スキレットのまま
> テーブルに出せば
> ずーっとアツアツ

● 材料(大きめ1枚分)

牛ステーキ肉
　……1枚(600gほど)
バター ……………… 3片
にんにく ………… 1片
ローズマリー …… 2本
塩 ………………… 適宜
こしょう ………… 適宜
オリーブオイル・適宜
じゃがいも … 1個(大)
添え物の青菜 …… 適宜

● 作り方

1 事前にじゃがいもを茹でておく。肉は常温に戻しておく。

2 肉の脂部分を筋切りし、両面に塩・こしょうをふる。

3 スキレットにオリーブオイルをひいて薄切りにしたにんにくを熱し、肉に中火で焼き色をつける。裏面も同様に焼き色をつける。

4 肉をスキレットの上部に寄せてスキレットを傾け、空いたところにバターを入れる。

5 バターが溶けたらローズマリーを肉の上にのせる。にんにくはそのままに、溶けたバターを肉にかけ続ける。片面7分、裏返して7分ほど焼く。

6 ナイフで食べやすい大きさに肉を切る。炒めたじゃがいもと青菜を添える。

COOKING 04

〆はリゾットやスープパスタにしても

骨なしアクアパッツァ

> キャンプでは
> 切り身魚だと
> 骨がなくて楽ちん！

● 材料(4〜5人分)

白身魚切り身
.... 300〜400g

ミニトマト 8個

アサリ(塩抜き)
.... 300g

むきえび ...... 4〜6尾

オリーブ ...... 4〜5個

にんにく 1片

ローリエ 1枚

タイム .... 少々

白ワイン 200ml

水 100ml

オリーブオイル
.... 大さじ2

塩 .... 適量

こしょう .... 適量

● 作り方

1 魚は一口大に切り、塩をふる。ミニトマトは半分に切る。

2 潰したにんにく、1、アサリ、むきえび、オリーブ、ローリエ、タイム、白ワイン、水、オリーブオイルを入れ、強火にかける。

3 沸騰して白ワインのアルコールが完全に飛んだら蓋をして10分煮込む。

4 アサリが開いて魚に火が通ったら塩・こしょうで味を調える。

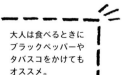

> 大人は食べるときに
> ブラックペッパーや
> タバスコをかけても
> オススメ。

いつもの味も自然の中で食べれば最高の味！

ミートソースパスタ

翌朝のホットサンドに
アレンジできて
2度美味しい！

● 材料(4 〜 5人分)

ロングパスタ
 …… 300 〜 400g
玉ねぎ ………… 1.5個
にんにく …………… 1片
ひき肉 ………… 400g
カットトマト缶 ‥ 1個
ケチャップ ……… 適量
塩 …………………… 適量
こしょう ………… 適量
ローリエ ………… 1枚
顆粒コンソメ …… 適量
オリーブオイル ‥ 適量

● 作り方

1 玉ねぎを粗みじんに切る。にんにくは潰してみじん切りにする。

2 鍋に多めのオリーブオイルとにんにくを入れて熱し、香りが出てきたら玉ねぎとひき肉を入れる。塩・こしょうで味を調えながら8割ほど炒める。

3 トマト缶、ローリエを入れて蓋をし、肉と玉ねぎに完全に火が通るまで煮る。

4 ケチャップ、顆粒コンソメ、塩・こしょうで味を調えて、蓋をして10分ほど弱火にかける。

5 お皿に茹でたパスタを盛り、ソースをかけていただく。

✚ 子どもがいる場合はケチャップを多めに入れたり、粉チーズ入れたりすると食べやすくなります。

✚ 大人はタバスコを足しても美味しい。

06

何を入れてもはずさない！

セルフホットサンド

> それぞれの
> 好きな具材を
> 入れて楽しんで！

● 材料A（バジルハムチーズ）

食パン12枚切り	2枚
スライスチーズ	2枚
ハム	1枚
ミニトマト（半分に切る）	2個
塩	適量
こしょう	適量

● 材料B（ツナマヨエッグチーズ）

食パン12枚切り	2枚
スライスチーズ	2枚
ツナ缶	半分（ツナマヨにしておく）
マヨネーズ	適量
卵	1個
塩	適量
こしょう	適量

● 材料C（ハチミツチーズバター）

食パン12枚切り	2枚
ハチミツ	適量
ブルーチーズ	適量
バター	1片

● 作り方

1 ホットサンドメーカーにパンを1枚のせる。

2 好きな具材をのせる。具材が漏れてこないように中心よりにのせる。のせすぎも注意。

3 上にパンをのせてホットサンドを閉じて、弱火でじっくりと焼く。ときどき開けて焼き具合を見る。

ダッチオーブンの魅力

真っ黒なボディーに無骨な形をした鍋"ダッチオーブン"は、キャンプをはじめたら一度は使ってみたいと思う代表的キャンプアイテムです。

アメリカの西部開拓時代、焚き火で料理をするために生まれました。とても丈夫で、焼く、炒める、煮る、蒸す、などさまざまな調理ができます。また、焚き火の上に直接置いたり、三脚にぶら下げたりと知恵と工夫次第でありとあらゆる使い方ができるのもダッチオーブンの魅力です。

「ダッチオーブン、料理」と検索すると、鶏肉を丸々焼いたり、パンを焼いたりとなかなかハードルが高そうなレシピが出てきます。しかし、実は意外なほど簡単にできてしまうのです。ダッチオーブンにはすぐれた熱伝導性と高い蓄熱性があり、その万能性は"魔法の鍋"といっても過言ではないでしょう。

豚汁をつくってもいいし、肉まんを蒸してもいい。もちろん白米を炊いてもかまいません。蓋は鉄板代わりに使えますからホットケーキだって美味しく焼けます。僕も煮物や鍋物から、〆の麺といった家でのふだんの料理をダッチオーブンで楽しむことが多々あります。自由に、ズボラに、積極的に、便利なダッチオーブンを使ってみてください。

はじめに火加減を調整すればあとは鍋が勝手に料理してくれるからほったらかしでOK！

自 然 遊 び

PLAYING

▶▶

キャンプでしかできない
自然の中での過ごし方

公園遊びや登山、海水浴など、自然の中での過ごし方は実にさまざま。どれも素敵な時間ですが、キャンプでしか味わえない特別な過ごし方があります！ とっても簡単な方法なので、キャンプに行った際にはぜひ取り入れてみてください。

PLAYING

時間の流れがぜんぜん違う！

日常と自然の中との
違いに気付く

自然モードに切り替えよう！

　大人は仕事に家事に子育て、子どもは宿題に習いごとなどと、日常生活は分単位で忙しい。子どもとの時間や、大人だけの時間をゆっくり過ごそうとしてもなかなかできないのが現実です。

　キャンプは、寝床づくり、料理、食事、就寝といったシンプルな時間をじっくりと味わえます。そして周囲にある自然はリラックスした気持ちにさせてくれるので、いつもの24時間よりも濃密な時間を過ごせるはず！

　ですが、忙しい日常モードからはなかなか抜けられないことも。これはもう現代病のひとつかも。となりのちょっとしたきっかけを意識してゆったりモードにスイッチを変えてみてください。

✓ 時間の移り変わりを感じる

夜から朝、夕方から夜に移り変わるタイミングで空を見よう。自然の中なら一日の変化を視覚的に感じることができる。

✓ ゆるい気持ちになれる

仕事や家事もふだんは"完璧"を目指しがちだけど、キャンプにおいては"このくらいでいいや"の気持ちになれる。

✓ 自然の時間にチューニング

時計の時間から、太陽の動きや気温の変化などの自然の時間にチューニングすると、頭も心もゆっくりになれる。

✓ 自然を感じる

生茂る木々、芽吹く花々、鳥の鳴き声など、脈動する命を感じられる自然は、日常の中ではなかなか感じられない。

✓ ぜいたくな時間の使い方

食事を丁寧につくって食べるなど、やりたいことにじっくりと向き合えるのがキャンプのぜいたくポイント。

✓ 五感を解放する

五感の中には日常では閉じがちなものもある。自然を存分に楽しむコツは、五感すべてを解放することにあり！

じっくり炎と向き合う時間はプライスレス

焚き火の楽しみ方

キャンプの醍醐味は焚き火にあり

焚き火には人を惹きつけ、心地よい気持ちにさせてくれる不思議な魅力があることを、体験者は皆知っています。

夜空に舞う火の粉を眺めたり、焚き火に薪を投げ入れたり、赤く光る炭を違う場所に移してみたり……。暖かい焚き火の熱波とゆらぐ炎を見ていると、あっという間に時間が過ぎていってしまいます。

そこに、炙って食べるおやつやおつまみ、そして飲みものがあれば文句の付けようがありません。

これこそキャンプに来たからこそできる至福の遊びのひとつ！そんな焚き火を楽しむためのノウハウやはじめての人でも挑戦しやすい方法を丁寧に紹介していきます。

▶ 焚き火台の準備

最近は、草地の劣化や後始末をしない人の増加などの問題から「焚き火台」の使用を義務付けるキャンプ場が増えてきています。

焚き火をするためには、焚き火台の準備はマスト。焚き火エリアが設けられていない場合は必ず自分で持ち込みましょう。キャンプ場でのレンタルも可。

焚き火台のほかに用意する道具

ナタ / ハンドアックス

薪を割るのに使う。使う際は、必ずグローブを装着してケガを防止する。

消火バケツ

火傷や燃え広がりを防ぐために、つねに水を入れたバケツや器を用意。

炎を操る道具

火傷防止のグローブ、焚き火をいじる火バサミは焚き火を操る必携品。

▶ 薪の準備

焚き火用の薪は、森から拾ってきて使うのが一番楽しい。でも、初心者は薪を購入するのが一般的。ほとんどのキャンプ場では薪が販売されています。

燃えやすいけどすぐに燃え尽きる針葉樹の薪、燃えにくいけど火が長持ちする広葉樹の薪など、色々な種類があるので実際に自分で試してみよう。

✔ 理想の薪の量

夜買い足しに行かなくてもよくて、焚き火が終わる頃には燃えかすが残らない量がベスト。樹種や火の大きさでも変わるので体験して量をつかんでいこう。

・しっかり乾燥していること
・針葉樹なら2束、広葉樹なら1束が目安

広葉樹×1束

針葉樹×2束

PLAYING

 簡単だから誰でもできる

新聞紙を使って火をおこす方法

楽しく成功率が高い着火方法

　元も子もないことをいえば、焚き火は無事に火が着かないと楽しめません。着火の仕方はガスバーナーを使う簡単な方法から木と木をこすり合わせて種火をつくる方法、器具を使って火花を飛ばして着火する原始的な方法などさまざま。

　焚き火ならではの着火作業を楽しめて、かつ成功確率が高い新聞紙とライターを使って火をおこす方法に挑戦してみましょう。

▶ 新聞紙の準備

必要な道具を準備する

火傷防止の革手袋、種火になる新聞紙、ライターを準備する。ライターはマッチでもOK。新聞や革手袋は濡れないように気を付ける。

新聞紙を硬く球状にする

新聞紙1枚を、ギュッと力を入れながら硬い球状に丸める。この段階は硬さや大きさなどはこだわらなくてもOK。

広げてシワシワの状態にする

丸めた新聞紙を丁寧に広げると、シワシワの新聞紙ができあがる。このすき間に空気が含まれることで、燃えやすい着火材となる。

オタマジャクシの形にする

広げた新聞紙を、空気の層ができるようにふわっと丸め、オタマジャクシの形をつくる。着火するしっぽ部分を少し長くするのがポイント。

⟫ 着火する

薪を円錐型に組む

オタマジャクシのしっぽが外に出るように、焚き火台中央に新聞紙を置く。空気の通り道を残しながら、薪が新聞紙と接するように円錐に組む。細い薪から太い薪の順番で並べていく。

しっぽに着火する

組み上がったら飛び出ているしっぽの部分に着火する。着火の際は、火傷に十分注意する。途中で消えてしまったら再度新聞紙に着火する。

火が安定するまで待つ

着火後は火が安定するまで待つ。安定したら薪を動かしたり足したりする。火が無事に着かなかったらもう一度新聞紙の準備からやりなおす。

Point

焚き火はじっくり育てる

薪や火を何度もいじれば火が消えるし、何もしなくても火が消えてしまうのが焚き火。焚き火はよく「育てる」という言葉を使うが、薪を置くタイミングなどを見極めながら大切に育てよう。

✓ 焚き火で調理する

串に刺してあぶるだけでなく、焚き火を利用して料理をしてみても楽しい。

✓ 焚き火で防寒、鑑賞する

焚き火の恩恵は、明るさや防寒、そして見ていて暖かいなどたくさんある。

子どもと一緒にふだんはできない体験を

キャンプで刃物を使ってみる

ナイフは使い方次第でなんでもできる

ナイフ1本で、切る、削る、刺すなどさまざまな作業ができます。工夫する力が身に付き、繊細な手指の動きのトレーニングにもなります。昨今の研究では、こうした動きが前頭葉の活性化につながることもわかってきています。

刃の素材・長さ・太さの違いや付加価値が付いたものなどたくさんの種類があるので自分に合ったタイプを選び、どんどん使ってみましょう。

ナイフの種類

ツールナイフ

ナイフ以外にハサミやノコギリ、ワインオープナー、ペンチなどさまざまな機能が付いているタイプのナイフ。

初心者にはコレ！

・キャンプシーンでは一番活躍する便利なナイフ
・付加価値部分は必要な機能を厳選する

シースナイフ

刃（ブレード）と持ち手が一体で鞘（シース）に納めるタイプのナイフ。刃と持ち手のみとシンプルなタイプで、ナイフの基本形。

・刃厚が薄いと料理用、厚いと薪割りもできる
・初心者は刃の長さ10cm前後が使いやすい

ナタ

刃厚があり丈夫で重さもあるのが特徴の日本の刃物。薪などを割るのに最適だが、しっかり研げば魚を捌くこともできる。

・大きなものや太いものを削る、割るときに便利
・刃渡りが長く、重いので小さな力で作業が可能

➼ ナイフの練習としてクラフトに挑戦

ナイフの扱いに慣れるには、実践がいちばん。キャンプ場に落ちている木をツールナイフで加工してキノコのオブジェをつくってみよう。

先端を丸く削る

太めの木の枝の先端を丸く削る。先に向かって刃を入れ、木を回しながら少しずつ削ろう。

切り込みを入れる

ノコギリを使い、木の太さの1/5程度の深さで1周切り込みを入れる。この作業も木を回しながら行う。

くびれをつくる

②で入れた切り込みに刃を当てるように削り、キノコのくびれ部分をつくる。少しずつ削るのがコツ。

切り落とす

キノコの軸の長さを決めて、ノコギリで切り落とす。斜めに削った部分で刃が滑らないように注意。

形を整える

切り落としたふちの部分をナイフで削り、丸みをつける。刃を入れすぎると大きく削れるので注意。

キノコのオブジェ完成

完成

最後に仕上げ削りでキノコの形を整えたら完成。最初は大きめサイズから挑戦するとやりやすい。

Point

便利なツールナイフ

さまざまな役割を果たすツールナイフは、ナイフ1本で工具箱ひとつ分のはたらきをしてくれる。食品開封からめがねのネジ止めまで困ったときはまずポケットからツールナイフを出してみよう。

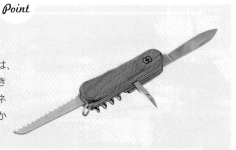

みんなの憧れ！

ハンモックの楽しみ方

浮いてる
浮いてるー！

この浮遊感が至福の時間

　森の中でゆらゆら揺れるハンモックは、まるで空中ソファーのよう。一度使うと間違いなく病みつきになってしまいます。

　ほどよい間隔に木が2本あれば取り付けは簡単。木がないときは専用スタンドを使う方法もある。読書に昼寝、ちょっとした遊び道具にと、自然の中で最高の空中時間を過ごしてみてください。

Point

上級者はこれで泊まる⁉

ハンモックの浮遊感の虜になったキャンパーは、ハンモックで寝泊まりする。虫除けのメッシュがついたハンモックに雨よけのタープを張って、ゆらゆらキャンプを楽しむのだ。

◆ ハンモックを扱う際の注意点

ハンモックは楽しいけれど、気を付けなくてはいけないことがいくつかあります。正しい方法で設置するのはもちろん、設置時は地面に危険なものはないか、木が折れてしまわないか、などのチェックが必要です。

また、自然の中にある木を借りて楽しむのですから自然への配慮も大切です。

✔ 木の保護をする

木の樹皮にダメージを与えないよう、ロープを巻く前にタオルを巻き保護する。

✔ いきなり体重をかけない

使用中に突然外れたりしないか、乗る前に体重をかけて確認しておく。

✔ またいでお尻からのる

なれないうちはハンモックをまたぎ、お尻を入れてから足をのせると安全。

✔ 表記耐荷重を守る

ハンモックごとに耐荷重が決まっているので、きちんと守って安全に使おう。

Point

地面に寝転がるだけでもいい

ハンモックがないときは、シートを敷いて地面に寝転ぶだけでも十分自然を満喫できるもの。地面に体をあずけ、大きな空や木漏れ日を眺め、涼しい風を浴びるだけでも自然に溶け込んだ気分になれる。日常だとやらない行為だけれど、キャンプに来たらぜひやってみてほしい。

※設置方法・ロープの巻き方などは、ハンモックのタイプによって異なります。
説明書をよく読んで安全に設置してください。

PLAYING

"ゆっくり散歩"の提案

森の中に入って自然観察を楽しむ

きれいなお花を
探しに行こう！

いつもよりスピードを落として歩く

　日常生活では、とてもあわただしく時間が動いています。しかし、自然の中では、同じ24時間でも「秒」や「分」や「時間」といった時計にしばられないゆっくりした時間が流れている気がします。せっかくキャンプに来ても、いつもの時間で過ごしたらもったいない！まずは自然の時間にチューニングしましょう。

　私たちが自然の時間にチューニングする簡単な方法は、歩くスピードをいつもの半分に落としてみることです。ゆっくり歩くことで、目に入るものや肌で感じるものがどんどん増えていきます。そしてゆっくり深呼吸をしてリラックス。おだやかな心の準備ができたら、あとはじっくり自然の中で遊ぶだけです。

↠ いつもよりよく観察してみよう

✓ 立ちどまって観察してみる

"普通"の草花や木、空、虫などもじっくり観察してみよう！ いつもは気付かない発見と面白さが必ずあるはず。

✓ 落ちているものを拾う

目に入った自然の落としものを拾ってみよう！ 前後左右、全体、一部をよく見ると、自然の造形の面白さに出合う。

簡単アニマルトラッキング

フン

フンは動物によって形やサイズが違う。フンから何者かを探ってみよう。

食痕

動物もそれぞれに好物や食べ方がある。見つけた食痕は誰のものだろう？

足跡

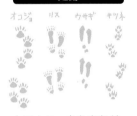

大足小足、歩き方など、特徴的な足跡から何者で、どこに行ったかを推測。

Point

裸足になるだけでも感じることが多くなる

自然に自分をチューニングするもうひとつの簡単な方法は、裸足になること。足の裏は第二の脳や心臓といわれるくらいセンシティブな体の部位だ。安全な場所なら、散歩をしたり川に足を浸けるなど

さまざまな自然を足の裏で感じるのもオススメ。いつもは靴下や靴に守られた足の裏を解放すると、たくさんの情報が感覚的に入ってくるような気持ちになれる。何よりも開放的で気持ちがいい！

107

特別な手間や時間をかけた

コーヒータイム＆
ティータイムを楽しむ

時間をかける贅沢を楽しもう！

キャンプの楽しみ方のひとつに、いつもよりも丁寧に時間をかける方法があります。これは日常生活ではなかなかできない時間の使い方です。ふだんはインスタントコーヒーやティーパックの人も、キャンプのときは少しこだわってみてください。自然の中というのも相まって、贅沢な時間に変わります。

ティータイムを楽しむアイデア

さまざまな茶葉をセレクト

ダージリン、アッサム、セイロンなどの種類や産地、フレーバーなど、紅茶の世界は奥が深い！　ちょっと奮発して気になる茶葉に挑戦してみるのも楽しい。

"ちょい足し"で変化を

ジャムやドライゆず、ミルクなど、一種類の茶葉でも"ちょい足し"をしてみるとまた味の幅が広がります。手間と冒険を楽しむのもまた特別な時間です。

お菓子を用意する

せっかくだったら紅茶に合わせたお菓子を選んでみてください。和菓子、洋菓子、自分が美味しいと思えるお菓子ならなんでもOK！　マナーやルールは気にしないで。

コーヒータイムを楽しむアイデア

豆を選ぶところから

豆の品種やロースト加減など、豆の選択肢は無限大。普段は足が遠のいているお店で質問しながら好みの豆を買う事前準備も楽しい。生豆を自分でローストしてみても。

ミルで豆を挽く

コーヒーミルを持っていき、豆を挽くところから楽しんでみてもいいだろう。キャンプ中に一種類の豆を色々な加減で挽き、味比べを楽しむのもオススメ。

じっくりとドリップする

いつもはインスタントだったり手早くドリップをしている人も、キャンプのときくらいは丁寧に。一味違うドリップ方法を調べたり、器具にこだわってみるのもオススメ。

飲むロケーションにこだわる

せっかくキャンプに来たのだから、コーヒーを楽しむ環境にもこだわりたい。森の中、川に足を浸ける、地面に寝転ぶなど、自分が自然と共に最高に楽しめる演出を。

Point

自分専用のセットをつくろう

こだわりの道具や小物、材料一式が詰まっている自分だけのセットをつくろう！　これさえあれば、デイキャンプもお泊まりキャンプも、いつでもどこでも至福の時間を楽しめる。

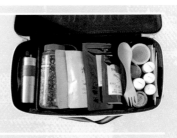

PLAYING

夜の星空観察と
ナイトウォーク

星が
いっぱい
だよー！

時間を立体的に楽しもう！

　いつも決まった時間に寝る子どもたち
も、子どもと一緒に寝る親も、キャンプ
に来たら夜の自然を楽しんでみよう！

　人の明かりがない満月と新月の夜空の
明るさの違いを感じたり、さえぎるもの
のない星空を眺めて宇宙に思いをはせて
みたり、自然の中の夜にしかできない時
間の楽しみ方を見つけてみてください。

Point

月や星のこよみを調べてみる

満月や新月、流星群、惑星がよく見
える日など、月や星の世界も人間界
のように一年中イベントが盛りだく
さん！　キャンプに行く日を決める
ときに本やインターネットで一緒に
調べておくと、肉眼レベルでも楽し
める天体ショーを大自然の中で満喫
することがでる。

▶ 星空を見上げてみよう

✓ 星座早見表を使う

今いる時間、方角でどんな星座が見られるかわかる道具。方位磁石もセットで使うので一緒に用意しておこう。

✓ スマホアプリを活用する

スマホをかざして夜空を見ると目の前にどんな星座があるかわかるアプリがある。タブレットなら家族で楽しめる。

▶ 夜の森を散策しよう

キャンプに来たら夜遊びは率先して楽しんで。特に夜の森散策はオススメです。ほぼ視覚で生きている人間にとって野生の感覚を呼び覚ますチャンスです。

聞こえる音、感じる肌感覚、闇夜に慣れると見えてくる視覚。安全は確保しつつもときどきヘッドライトの電気を消してみると、全身で自然を感じられます。

✓ 夜の森の注意点

夜の森は非日常の楽しさが詰まっているけれど、同時に危険も。楽しく安全に遊ぶためには注意が必要だ。大きなケガを防ぐために、自分が慣れない自然の中にいることをしっかり理解しておこう。

・昼間に下見をしておく
・ライトの予備電池を持つ
・サンダルよりも靴が安全
・ゆっくり、小幅で歩く
・森の入口にライトで目印を

ナイトウォーク時の装備

ヘッドライト
両手が空くので手持ちよりも安全に歩くことができる。予備電池も忘れずに。

水筒
温かく甘い紅茶などを夜の森で飲んでちょっと一息。止まると出会えるものも。

長袖・長ズボン
見えない草木で傷つかないようにする。足下も靴+靴下で素肌が出ないように。

虫除けスプレー
人間は虫の格好の的になるので、事前に虫除けをしてかぶれなどを防ごう。

アクティビティを楽しもう！

キャンプ教室を開催すると「キャンプに行ったら何をすればいいの?」と聞かれることがよくあります。

純粋にキャンプそのものと自然をじっくり味わってもらえればそれが正解。ただ、それだけだと物足りない、ハンモックや焚き火などにも慣れてきたという人は、何かアクティビティを楽しむのも手です。

キャンプ場は自然が豊かな場所にあることが多いので、マウンテンバイクや登山、ロッククライミング、水辺があれば釣りやカヌー、SUP（スタンド・アップ・パドル）といったものもあります。例に挙げたのはアクティブなものですが、

自然観察に潮干狩り、山野草教室など、ガッツリ体を動かさなくてもできることもたくさんあります。

せっかく大自然の中に遊びに来たのですから、「面倒だし疲れちゃうかも……」と思っている人も、思い切って新しい遊びに挑戦してみましょう!

キャンプ場が、自分たちだけでははじめられない遊びの体験教室を開催してくれる場合もあります。安全に、楽しく新しい遊びの世界に誘ってくれること間違いなしです。

あっという間の1泊2日のキャンプから、2泊3泊とキャンプの日数を延ばして、大自然を満喫してみてください。

キャンプだからこそクタクタになるまで遊べる!

知っておきたい
キャンプの知識

KNOWLEDGE

キャンプのルールやマナー、
応急処置を押さえておこう

キャンプはただ自分たちが楽しむだけでは
ダメ。人と人、人と自然との間には守るべ
きルールがあります。また、事故やケガな
ど万一の事態も。楽しく安全にキャンプを
するために大切なことを学びましょう。

環境を守り維持する

自然に与える影響を少しでも減らす

マナー違反で
ルールが増える!?

自然の中にお邪魔する気持ちで

　キャンプは、私たち人間が自然の中にお邪魔している気持ちで楽しみましょう。最小限のダメージで最大限の自然を満喫したいですね。

　たとえば焚き火やゴミの処理。燃え切らなかった炭をそのままにしたり、ゴミを捨てていったり。キャンプ場にも迷惑がかかりますが、自然環境へもダメージを与えてしまいます。その結果、キャンプ場の禁止事項が増えることになるので、自分で自分を縛ることになります。これから紹介するものはほんの一例ですが、皆さんも何ができるか考えながらキャンプを楽しんでください。大人は子どもに、その体験を通して大切にすべきことは何か、しっかり伝えていきましょう。

➠ 自然にダメージを与えない方法

✓ 洗いものを少なくする

水や洗剤の使用量を減らすために、洗いものを減らす工夫をしよう。食後の食器は不要になったTシャツを切ったものやキッチンペーパーで拭いてから洗う。同じ飲みものを飲むときはすぐに洗わないなど、小さな積み重ねが大切。

キャンプ場の排水はそのまま地面に流れることも。洗剤を使用する際は、地球にやさしい自然由来のものを選ぼう。

✓ フィールドにダメージを与えない

よけられる植物の上に無理矢理テントを張る、食後のスープを地面に捨てる、焚き火の熱で植物を焼いてしまうなど悪気なくやってしまうことも多い。自然へのダメージを少しでも減らせるよう気づかいを心がけよう。

自分たちがとる行動はどのくらい自然に影響を与えているのか。常に考えながら楽しみたいところ。

✓ ゴミは極力減らす

使い捨ての皿やカップ、つくりすぎて余らせた料理など、気を付けないとゴミはどんどん増えてしまう。最低限使い捨てではない道具や小物をそろえ、フードロスのない食事計画をして、余分なゴミを出さないスマートキャンプを。

ゴミは無駄以外の何ものでもない。可能な限り心も気持ちいいキャンプができるようにしよう。

Point

キャンプ場以外でのキャンプ

キャンプ上級者になってくると、予約も混雑もない自由な場所でワイルドなキャンプがしたい！ となってくるもの。ではどこでキャンプができるのか？ 基本的には、許可がある民地、法律や都道府県・市町村のルールでキャンプ禁止となっている場所以外であればキャンプは可能です。ただし、制約がない分自然のリスクを十分理解し、地域のルールやマナーを厳守してモラルを持った行動を。

自由をはきちがえないで

気持ちよく過ごすために マナーを守る

ずっとキャンプを楽しむために

キャンプ場にいる全員が楽しくキャンプをするには、キャンプ場や行政が決めたルールを守るのはもちろんのこと、周囲の人に対する気づかいも大切です。

昨今では「自分たちさえ楽しければいい」という情けないキャンパーも増えていて、キャンプ場や近隣キャンパーともめごとが起きることもしばしば……。

小さなマナー違反が積み重なると、いずれそれが深刻な問題になって、キャンプ場にルールが増えてしまったりキャンプ場自体がなくなってしまう場合もあります。これから紹介する例はほんの一部ですが、しっかりと理解して自分たちの家と同じようにご近所への気づかいを忘れず、マナーを守って行動しましょう。

心がけたい基本のマナー

キャンプ場のルールをチェック

キャンプ場にもホテルと同じようにルールがある。また、ルールはキャンプ場ごとにさまざまなので、別のキャンプ場と同じようにしてしまうとトラブルになることも。チェックインした際に、受付でしっかり確認をしよう。

あいさつを心がけよう

キャンプは、お隣ご近所のキャンパーさんと空間的に距離が近いこともある。アウトドアの世界では、出会った人とあいさつや雑談をするのは当たり前。何かがあったときの助け合いや近隣トラブルを防ぐ効果にもつながるので、積極的にあいさつを。

➡ ついやってしまうマナー違反

✅ 夜遅くまで騒ぐ

クワイエットタイムや就寝時間を守るだけでなく、周りの人たちの過ごし方にも気をつかって過ごす。

✅ 炊事場を独占

共有部への道具や食材、ゴミの置きっ放しは避ける。使用後は次の人が気持ちよく使えるようにきれいにする。

✅ 荒い運転

オフロードな場内だと運転が楽しくなってしまうが、砂ホコリ、飛び出しも考慮して徐行運転をする。

✅ 設営不備

ペグ打ちや道具の配置などで設営不備があると、突然の風で隣のサイトに飛ばされてしまうこともあるので注意。

✅ サイトを横切る

キャンプ場は地続きなので、思わず近道をしがち。自分がやられたら気分はよくないはず。

✅ 直前のキャンセル

予約がいっぱいで来られなかった人やキャンプ場にも大きな迷惑がかかる。最低でも2日前には連絡を。

✅ 子どもから目を離す

一瞬のスキに事故や事件に巻き込まれる可能性も。ほかの人に迷惑をかけてしまう場合もあるので注意。

✅ ゴミを放置

立つ鳥跡を濁さずの気持ちで、来たときよりもさらにきれいにして次の利用者に引き継ごう。

Point
場外でも マナーを守ろう

キャンプ場内ではマナーを守るのに、場外で目に余るマナー違反をする人も。ゴミをパーキングエリアに捨てたり、車中泊禁止エリアで前泊して朝一番でキャンプ場へ向かったり。キャンパーのイメージ低下につながる行為は避けよう。

春夏秋冬楽しみ方は色々

季節ごとの
キャンプの楽しみ方

テーマを持ったキャンプをしてみよう!

　美しく移り変わる四季がある日本。せっかく自然の中でキャンプをするなら、その四季も存分に味わいたいと思いませんか?

　そんなときは、季節に合った"キャンプテーマ"を設定するのがオススメ。通年テーマのキャンプごはんやアクティビティもいいですが、こだわりのテーマがあるとより四季の自然を堪能できますよ。時期によっては多少の知識や技術が必要になるので、もちろん入念な予習・準備は忘れずに!

▶▶ 春・夏キャンプの楽しみ方

✓ 野草＆山菜キャンプ

春のエネルギーが詰まった山野草を採取して、天ぷらなどの料理にして楽しむキャンプ。不安な人はキャンプ場のプログラムに参加するのもアリ。

✓ お花見キャンプ

桜が自慢のキャンプ場も全国にはたくさんある。落ちてくる桜の花びらを料理や飲みものの器に浮かべてみるのも日本の春らしい粋なスタイルだ。

✓ 高原キャンプ

避暑地に別荘は持てなくても、涼しい高原でキャンプはできる。標高1000m以上の高原だったら、真夏でも朝晩は少し肌寒いくらいの"涼"を体感できる。

✓ バグズキャンプ

簡易のバグトラップ(虫をつかまえるしかけ)を森の中に設置して夜や朝に確認する。虫の世界を楽しむ子どもがよろこぶキャンプ。許可が必要なことも。

春キャンプの注意点

朝晩の冷え込みが激しいなど、思った以上に気温が下がることがある。防寒着や寝具、食べものなど、寒くなっても安心な準備を事前にしておこう。場所によっては残雪がある場合も。

夏キャンプの注意点

夏は夕立や雷に遭うことや、蚊などの刺す虫に悩まされることがある。また、気温が高いので熱中症や脱水症などの危険性もある。避難方法、虫対策、そのほか予防策をしっかりと準備しよう。

▶ 秋キャンプの楽しみ方

✓ 焚き火キャンプ

秋の夜長には焚き火メインのキャンプがイチオシ。焚き火エリア付きや直火可能なサイトなど、焚き火台を使う以外にも方法はさまざま。料理すべてを焚き火で挑戦したり、焚き火で炙るおやつやおつまみを楽しんでみても。

✓ 十五夜キャンプ

空が広い草原地帯のキャンプ場でキャンプ用ベッドに身を預け、夜空に浮かぶ大きな満月を眺める。虫の音を楽しみながら、手づくりのお団子や料理に舌鼓を打つといった日本の文化を楽しむキャンプもまた贅沢な時間だ。

✓ 秋の幸キャンプ

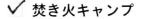

食欲の秋というだけに、魚貝、果実、キノコなど、美味しい食べものが目白押しなのも秋のいいところ。キャンプ場途中にある道の駅などで、そのときその土地の旬を買い込み、グルメなキャンプを楽しむのもオススメ。

秋キャンプの注意点

秋は夜がやってくるのが早い。早め早めに行動しておかないと、気付けば真っ暗ということも。スズメバチやクマがどう猛になる時期でもあるので、危険事項と回避策を確認しておこう。

▶ 冬キャンプの楽しみ方

✓ ホットドリンクキャンプ

冬に恋しくなるのは、体の芯から温まるホットドリンク。熱燗、ホットカクテル、ソフトドリンクなど色々あるので事前に材料を買い込んでさまざまな種類に挑戦してみよう！ お湯は暖とりの焚き火で沸かしておくのがコツ。

✓ 雪中キャンプ

冬の醍醐味は雪にあり！ 最終的にコテージ泊だとしても、雪洞掘りやかまくらづくりに挑戦して中で過ごしてみるのも面白い。慣れてきたらぜひテント泊にもチャレンジしてもらいたい。ただし、知識と技術は体得しておくこと。

✓ バードウォッチングキャンプ

森の中のキャンプ場で、双眼鏡を片手にバードウォッチングを楽しむのも新鮮な経験になるはず。冬の樹林帯は葉が落ちているため、木々に止まる鳥たちは丸見えに。野鳥の本を見ながらのんびり観察してみよう。

冬キャンプの注意点

冬の危険はすべて気温の低さにある。まずは服も寝具も必ず冬対応で暖かく過ごせる準備が大切。また、ガスなどの燃料は低気温下に弱いので、使いこなすにはテクニックが必要になる。

道具を長く大切に使うために

キャンプ道具の メンテナンス

大切な道具を長く使うために

　悩みに悩んでやっと手に入れたキャンプ道具は、決して安い買いものではなかったはず。できるだけ長く大切に使うためにメンテナンスをしっかりしておこう。

　キャンプ道具に使われている素材は、大きく分けて「ナイロン」「コットン」「プラスチック」「木」「金属」の5つに分けられます。これらの素材の弱点は「湿気」「紫外線」「劣化」の3つ。この3つをしっかり防ぐことがポイントです。

➡ テント・タープを長持ちさせる方法

✓ 汚れを落とす

汚れは劣化の最大の天敵！　使用後の汚れは可能な限り落としておこう。簡単な汚れは乾燥後に払えば落ちる。ひどい場合は洗剤をつけたスポンジで汚れの周辺まで洗い、洗剤がなくなるまでしっかりとすすぐ。

✓ しっかりと乾燥させる

メンテナンスの基本原則は「完全乾燥」。できれば撤収作業時に乾かしたいが、天候に左右されることもある。帰宅後の乾燥作業は車の上、庭、風呂場などで行う。布面積が大きいと苦戦するのは覚悟しよう。厚手の部分や金具がある場所は湿気が残りやすいので要注意。

✓ 撥水スプレーで再撥水させる

テントやタープの撥水性能は使用とともに低下する。年に数回は乾燥後に布の表面に撥水スプレーをかけておこう。相性によっては白残りする場合があるので、予め生地の端で確認すること。また、止水ジッパーなどスプレーと相性が悪い場合もあるので注意しよう。

➡ 各種アイテムのメンテナンス

✓ クーラーボックス内の清掃

使用後のクーラーボックスは、雑菌と悪臭の宝庫。普段はアルコールスプレーと拭き取りで除菌。汚れがひどい場合は、洗剤でしっかり洗ってから、完全乾燥を。

✓ ナイフ類のメンテナンス

ナイフの日常メンテナンスは、隅々まで布で汚れを落として専用オイルを塗るだけ。切れ味が落ちたら自分で研ぐか、プロにお願いして研いでもらおう。

✓ バーナー・ランタンの整備

基本は毎回汚れを落とし、ゴムパッキンやその他パーツの劣化があれば交換する。故障は事故の元なので、メーカーなどに依頼して修理してもらう。

✓ シュラフのメンテナンス

基本は布団同様フカフカに干すこと。臭いや汚れが気になり出す前に、年に1度程度、バスタブでもみ洗いし、平干しでしっかり乾燥させる。

Point

消耗品のストックをチェック

電池やティッシュなど、日常生活でも「予備がない！」と困ったことがあるはず。キャンプ用具も同じ。LEDランタンの電池やバッテリー忘れに、夜になってから気づいては手遅れ。ガス缶などの補充とともに、キャンプに行く前にチェックしておくこと。

使わなくても劣化する！

キャンプ道具の保管方法

いい状態を保つためには保管も大切

キャンプのときは大活躍の道具たちも、家に帰ると居場所がない。かといってただ隙間に押し込んでおくと、いざ使うときにカビだらけなんてことも……。

省スペースで保管しつつ、できるだけ長持ちさせるには、いくつかコツがあります。これから紹介するポイントを参考に、上手に保管してください。

最重要対策ポイント

湿気

湿気はカビや錆びの原因になる。特にナイロン製品やコットン製品は半年もそのまま保管すればすぐさまカビの温床に……。常に乾いた状態で保管するように徹底しよう。

物置き
- 風通しがいい場所
- ケース保管の際は乾燥剤も
- 定期的な干し作業をする

高温

高温は、防水加工されたナイロンやゴム製品などの劣化、ガス製品の爆発などの原因になる。家の中で高温になる場所は意外と多い。そこでの保管は御法度だ。

温度差の少ない室内
- 部屋の高い場所より低い場所
- 北側の部屋
- 温度変化が少ない木箱を使用

紫外線

肌や目に天敵の紫外線は、キャンプ道具にも大きな影響を与える。特に布製品の場合は退色の原因に。せっかく選んだお気に入りなのだから、しっかり注意しよう。

クローゼット
- 直射日光が当たらない場所
- 窓から離れた場所

➡ 保管／収納する際のコツ

道具の収納のコツは、家の整理と同じ。すぐに使えて、効率よく、コンパクトがベスト。キャンプ道具の場合は車への出し入れをスムーズに行えるかもポイントです。

さらに、道具は素材によって劣化の原因も異なるので、それぞれの素材に合った最適な保管方法を選びましょう。

✓ 用途別に分けてコンテナ整理

キャンプ道具の整理は、小さな引っ越しをイメージすると簡単です。

キッチン・寝具・建物（テントやタープ）といったジャンルごとに分けて、コンテナなどで保管しよう。

・用途別に分けてまとめる
・細かいものはまとめてケース収納

✓ 素材別に適切な保管を

アウトドア道具全般の共通の保管対策もあるが、素材によって気を付けるべき点も多々あります。

フィールドでベストな状態で使用するためには、それぞれの特性を押さえて、家の収納スペースと相談しながら実践しよう。

ダウン	ダウン製品はきゅうくつが苦手。呼吸できる薄手のコットン袋にザックリと保管。
布製品	折り目が多いと使用時に失敗した折り紙のような感じになる。大きく畳んで収納を。
木製品	木製品は隙間があると詰め込みがちだが、傷に弱い。段ボールなどの緩衝材を。
鉄製品	落とすとパーツが壊れたり、家の床が傷つく。なるべく低い場所に保管する。

Point

燃料系の保管は間違えると大事故に！

キャンプ道具の中には危険なものがたくさんある。特にガスやガソリン系は、事故の事例もあるので細心の注意を払いたい。燃料系が弱いのは、「湿気」「熱」「火気」の3つ。湿気は燃料容器の劣化を誘い、熱と火気は引火、爆発の危険性がある。保管の際は、これら3つをできるかぎり完全に防ぐ方法を考えよう。簡単なのは、安くてもいいのでハードタイプのクーラーボックスに保管し、さらに暗所に置いておくこと。もちろん火気から遠い場所にすることも忘れずに。

KNOWLEDGE

これだけは押さえておきたい！

緊急時の
ファーストエイド

救急セット

上を参考にそれぞれに合った救急セットを用意しよう。
薬類は、医師の相談のうえ、個人に合ったものを確認すること。

❶絆創膏
大きさや部位に合わせて各種用意しておく。アウトドアでの使用は防水タイプがオススメ。

❷化膿止め
擦り傷や切り傷などの傷の化膿を抑えるための塗り薬。傷口を洗浄した後、患部に塗る。

❸かゆみ止め
虫刺されや草のかぶれなど、広いかゆみに対応できるタイプのものを選ぶ。

❹滅菌ガーゼ
出血した場所に当てて止血する。患部の拭き取りなどに使用する。大小各種多めに用意しておく。

❺伸縮包帯
伸縮タイプの包帯で、傷口の保護や、骨折の疑いのときの固定にも利用できる。

❻毛抜き＆安全ピン
主にトゲ抜きをするときに使用する。清潔さを保つために小さな密閉袋などに入れておく。

❼ポイズンリムーバー
ブヨなどに刺されたときに使用する毒の吸い出し器具。使用後は洗浄し、清潔な状態にしておく。

❽清潔な水（ペットボトル）
救急とセットで常に持ち歩く。水道がなくても傷口の洗浄ができる。飲み水として脱水症予防にも。

❾常備薬
日常的に服用している薬や自分に合った風邪薬、鎮痛剤、下痢止めなどを小分けで用意しておく。

▶ キャンプで起こりやすいケガ

せっかくの楽しいキャンプ、ケガは未然に防ぎたいですよね。しかし、どうしたって小さなケガはつきもの。病院に行くほどではないと判断できる小さなケガは、手早く対処しましょう。

紹介した救急セットのほかに、包丁など料理セットにあるものやツールナイフなど、色々なものが活用できます。自分たちでは対処できない場合は、迷わず助けや救急車を呼びましょう。

✓ 切り傷、擦り傷

水道がある場合は、流水で患部をしっかりと洗浄をする。ない場合はペットボトルの水で洗浄。患部に異物が残っているときは毛抜きなどですべて取り除く。その後、絆創膏などで傷口を保護する。まだ出血がある場合はガーゼを当てて止血を。

ペットボトルのキャップの先端に穴を開けて、ボトルの真ん中を強く押すと少量の水で洗うことができる

✓ トゲが刺さった

トゲが皮膚から出ている場合は、毛抜きで刺さっているトゲと同じ角度で引き抜く。トゲが中に入っている場合は小さな針などでトゲのまわりの皮膚を広げてから同様に抜く。傷口を洗浄し、絆創膏でふさぐ。トゲが完全に取り出せない場合は、医師に診てもらう。

✓ 軽度の火傷

火傷は患部の感染症を防ぐことと組織の損傷を軽減させることに努める。火傷の場所にアクセサリー類を付けていれば外して迅速に冷やす。また、感染症を防ぐために患部の保護をする。患部の損傷がひどいとき、広範囲にわたるときはすぐに医師に診てもらう。

✓ 目に異物が入った

入ったものによっては眼球を傷つける可能性があるため、絶対に目を擦らないこと。水道水など清潔な水で目の異物を流す。その際、異物が入った目を下にして顔を横に倒し洗い出す。取れない場合は医師の診断を受ける。

✓ 歯のアクシデント

抜ける、欠ける、ぐらつくなど、歯のアクシデントは多い。どの場合も処置後は必ず専門医へ行くこと。痛みがある程度の場合、口内に破片があれば出し、口をゆすぐ。抜けた場合は歯を唾液やスポーツドリンクに浸けて保管しすぐ専門医へ。抜けた後の歯茎は触らない。

✓ 骨折の疑い

「腫れ」「痛み」「患部の変色」などがあると骨折の疑いがある。ただし素人には正確な判断ができないのですぐに医師に処置をしてもらう。傷があれば処置をし、清潔な副木を患部に当てて楽な姿勢で固定する。決して曲がった場所や突き出た骨を戻そうとしないこと。

Point

ちゅうちょせず救急車を！

キャンプではほかにもたくさんのケガや病気のおそれがあります。その中でも、意識を失う、おさまらない激しい腹痛、頭やお腹の強打、尋常ではない出血などの場合は、いち早く医師の診断をあおぐ必要があります。一番大切なのは明日も笑顔でいられること。そんなときは、迷わずキャンプ場に助けを求め、救急車を呼びましょう。健康保険証のコピーを控えておくと、もしものときにも安心です。

▶▶ キャンプで起こりやすい症状

ケガ以外にも、ハチやブヨなどの虫刺されによるかゆみや痛み、植物によるかぶれなど、アウトドアだからこその症例もあります。これは124ページで紹介した救急セットで適切に対処できます。

また、以下の3つの症状は手遅れになる場合もあるので、未然に防ぐようにしてください。**顔色の変化や震え、発汗、寒気など、ほんの少しでも異変があれば、迅速に対応しましょう。**

✓ 熱中症

高温の中で活動した結果、上昇した体温が下がらなくて起こる症状。重度になると死に至る場合があるため、迅速な対処が必要。どんな方法でもいいのでまずは速やかに体を冷やし、スポーツドリンクなどで水分補給を行う。体調が戻らない場合や意識が遠のく場合は、すぐに救急車を呼ぶ。

✓ 脱水症

運動や外気温の上昇によって体内の水分量が減って起きる症状。重度は死に至る場合も。初期は、めまいやふらつき、頭痛が起きる。スポーツドリンクなどの水分をとり体を休めることが大切。日常よりトイレの回数が増えるくらい水分をとるよう意識して。

✓ 低体温症

寒冷下で活動することで、体内温度が下がり起こる症状。プールなど水遊び中に体がブルブル震えたり、唇が紫になる症状は初期の低体温症。自力では体温を上げられない状態になる。体が濡れている場合は着替え、初期であれば体を外と中から温める。ひどい場合はすぐに救急車を。

STAFF
撮影：後藤秀二
動画制作：住田諒
デザイン：関根千晴（スタジオダンク）
イラスト：daisuketch（GGGC）
編集：渡辺有祐（フィグインク）
撮影協力：無印良品
　　　　　カンパーニャ嬬恋キャンプ場
　　　　　ogawa（キャンパルジャパン
　　　　　株式会社）

監修：長谷部雅一（Be-Nature School）

1977年埼玉県生まれ。有限会社ビーネイチャー取締役であり、アウトドアプロデューサー。2000年から2001年の世紀をまたぐ時期に丸一年かけての世界一周の旅をする。7000メートル級の山からパタゴニアの大地、シンプルな営みの国から先進国まで、自然と人、そして文化にふれあう。現在も長期の休みを取り、世界中のさまざまな秘境へ旅に出かけている。仕事はアウトドア系プロジェクトの企画・コーディネート・運営のほか、研修講師、ネイチャーインタープリター場づくりの仕掛け人も務める。親子や子ども向けのプログラムでは、ナイフと焚き火をメインにしたプリミティブなキャンプの方法を伝え続けている。
著書に『ネイチャーエデュケーション』（みくに出版）、『自作キャンプアイテム教本』（グラフィック社）、『ブッシュクラフト読本』（メイツユニバーサルコンテンツ）など。

いちばんやさしいキャンプ入門

2020年 4 月25日　初版発行

監 修 者	長 谷 部 雅 一	
発 行 者	富 永 靖 弘	
印 刷 所	株式会社新藤慶昌堂	

発行所　東京都台東区　株式　**新星出版社**
　　　　台東2丁目24　会社
　　　　〒110-0016　☎03(3831)0743

Ⓒ Masakazu Hasebe　　　　　　　　Printed in Japan

ISBN978-4-405-08226-7